Le trouble de la personnalité limite

Guide d'information à l'intention des familles

camh
Centre for Addiction and Mental Health
Centre de toxicomanie et de santé mentale

Catalogage avant publication de Bibliothèque et Archives Canada

Le trouble de la personnalité limite : Guide à l'intention des familles
Traduction de : Borderline personality disorder: An information guide for families
ISBN: 978-1-77052-436-1 (IMRPIMÉ)
ISBN: 978-1-77052-437-8 (PDF)
ISBN: 978-1-77052-438-5 (HTML)
ISBN: 978-1-77052-439-2 (ePUB)

PM084

Imprimé au Canada
Copyright © 2009 Centre de toxicomanie et de santé mentale

Il se peut que cette publication soit disponible dans des supports de substitution. Pour tout renseignement sur les supports de substitution ou d'autres publications de CAMH ou pour passer une commande, veuillez vous adresser aux :
Ventes et distribution
Sans frais : 1 800 661-111
À Toronto : 416 595-6095
Courriel : publications@camh.net

Cyberboutique : http://store.camh.net

Site Web : www.camh.net

Cet ouvrage a été réalisé comme suit :
Conception : Caroline Hebblethwaite, CAMH
Rédaction : Jacquelyn Waller-Vintar, CAMH ; Pauline Anderson
Traduction : Fitzgerald & Dionne
Révision : Evelyne Barthès McDonald, CAMH
Conception graphique : Nancy Leung, CAMH
Production de l'imprimé : Christine Harris, CAMH

Available in English under the title: Borderline Personality Disorder: An Information Guide for Families

Remarque : Les termes de genre masculin utilisés pour désigner des personnes englobent à la fois les femmes et les hommes. L'usage exclusif du masculin ne vise qu'à alléger le texte.

3946 / 12-2009 / PM084

TABLE DES MATIÈRES

REMERCIEMENTS

Le présent guide d'information est né de l'intérêt et du travail acharné d'une équipe de personnes dévouées et bien informées. C'est grâce au leadership et à l'engagement de Sharon LaBonte-Jaques que le projet est allé de l'avant. Nous voulons remercier Virginia Carver d'avoir accepté de travailler avec l'équipe, de faire les recherches et de rédiger la première ébauche du document. Les membres suivants de l'équipe de projet ont aidé à façonner le contenu du document et les premières ébauches : Karyn Baker, Christine Bois, Allison Potts, Barbara Steep, Sonia Veg, Janice Weston, Gwenne Woodward et Monique Bouvier.

Les personnes suivantes ont offert leur expertise : Jennifer Foster, avocate, lois et politiques sur la santé ; Wende Woode, B.A., B.Pharm., BCPP, pharmacienne chargée de l'information sur les médicaments et de l'examen de la consommation pharmaceutique.

Un remerciement particulier aux professionnels et aux membres des familles suivants qui ont examiné les premières versions ou sections du présent document et ont fourni de précieux commentaires : anonyme (idées présentées sans nom), membre d'une famille, D^{re} Deborah Azoulay, Dr Bob Cardish, D^{re} Eilenna Denisoff, Kathryn Haworth, Tammy McKinnon, Jothi Ramesh, Diane et Guy Richard, Barbara Steep, D^{re} Charlene Taylor et Dr Johnny Yap.

Les personnes suivantes ont apporté des modifications au guide en fonction des idées et des commentaires reçus tout au long du processus : Sharon LaBonte-Jaques, Monique Bouvier et Sylvie Guenther.

Nous remercions également Caroline Hebblethwaite de ses conseils à titre de conceptrice. De plus, l'équipe des services de création de CAMH, composée de Krystyna Ross, éditrice, Jacquelyn Waller-Vintar, réviseure, Nancy Leung, conceptrice graphique, Christine Harris, coordonnatrice de la production de l'imprimé et Evelyne Barthès McDonald, coordonnatrice de la traduction, ont aidé à faire de ce projet une réalité.

Le contenu du présent guide a été élaboré à partir de nombreux ouvrages de référence et nous tenons à souligner le travail des experts suivants du domaine du trouble de la personnalité limite : Cynthia Berkowitz, Martin Bohus, Robert J. Cardish, C.J. DeLuca, Frances R. Frankenburg, Robert O. Friedel, John G. Gunderson, J. Hennen, G.S Khera, Klaus Lieb, Marsha M. Linehan, A.J. Mahari, Caroline P. O'Grady, Joel Paris, Valerie Porr, Christian Schmahl, W.J. Wayne Skinner et Mary C. Zanarini.

PRÉFACE

Le présent livret est destiné aux personnes qui ont dans leur vie une personne aux prises avec un trouble de la personnalité limite (TPL). Nous espérons qu'il vous encouragera, vous et votre proche touché par le TPL, à rechercher les renseignements et le soutien dont vous avez besoin pour comprendre le trouble de la personnalité limite et pour amorcer le processus de rétablissement.

Parce que le guide est destiné à des particuliers et à des familles qui vivent toutes sortes de situations au sein de diverses communautés, il se peut qu'il ne réponde pas aux besoins et aux questions de tout le monde. Vous verrez le mot « famille » très souvent. Lorsque nous parlons de familles ou de proches, nous incluons les parents et les amis. Vous pouvez utiliser votre propre définition et inclure qui vous voulez.

Les deux premières sections comprennent des renseignements sur le TPL, notamment sur ce que ressent une personne qui a un TPL, les préjugés qui se rattachent au TPL, la prévalence du TPL, les symptômes, le diagnostic et les causes du TPL, ainsi que d'autres maladies qui accompagnent le TPL. La troisième section donne des renseignements sur le TPL, la quatrième décrit le soutien à offrir à une personne qui a un TPL et la cinquième traite de stratégies pour prendre soin de soi, à l'intention des partenaires et des membres de la famille des personnes qui ont un TPL. La sixième section parle de l'importance de l'espoir dans le processus de rétablissement.

À la fin du guide, à la p. 48, vous trouverez une liste de ressources utiles, imprimées et sur le Web, notamment les coordonnées de ressources permettant de trouver des traitements. Vous trouverez également un glossaire et une fiche d'information pouvant servir en cas de crise.

1. À propos des troubles de la personnalité

Le trouble de la personnalité limite est le plus courant des différents types de troubles de la personnalité du *Manuel diagnostique et statistique des troubles mentaux (DSM-IV-TR)*[1]. Les médecins et les psychologues agréés utilisent ce manuel pour diagnostiquer un problème de santé mentale.

Selon le DSM-IV-TR, un trouble de la personnalité est un « mode durable des conduites et de l'expérience vécue qui dévie notablement de ce qui est attendu dans la culture de l'individu, qui est envahissant et rigide, qui apparaît à l'adolescence ou au début de l'âge adulte, qui est stable dans le temps et qui est source d'une souffrance ou d'une altération du fonctionnement ». Une personne qui a un trouble de la personnalité a généralement de la difficulté à entretenir des relations et à faire face à des situations sociales, à composer avec ses émotions et ses pensées, à comprendre comment ou pourquoi son comportement cause des problèmes et à changer pour s'adapter à différentes situations.

1 N.d.t. Le trouble de la personnalité limite est aussi appelé « trouble de la personnalité borderline », notamment dans le DSM-IV-TR.

2. À propos du trouble de la personnalité limite

Le TPL, qu'est-ce que c'est ?

Avoir un trouble de la personnalité limite, c'est un peu comme être né sans épiderme émotionnel, sans barrière pour prévenir les coups émotionnels, réels ou perçus. Ce qui, pour d'autres, n'aurait pu être qu'un affront sans importance, était pour moi une catastrophe émotionnelle, et ce qui, pour d'autres, aurait pu être un simple mal de tête, en termes d'émotions, était pour moi une tumeur au cerveau. Cette réaction était spontanée, je ne la choisissais pas. De même, la rage, qui est souvent l'une des caractéristiques du trouble de la personnalité limite et qui semble sans commune mesure avec les événements, n'est pas simplement un accès de colère ou une façon d'attirer l'attention. Pour moi, c'était une réaction à une douleur envahissante qui me rappelait mon passé (Williams, 1998).

Le trouble de la personnalité limite (TPL) est un problème de santé mentale grave, complexe et de longue durée. Bien qu'il attire moins l'attention que d'autres problèmes de santé mentale graves, comme le trouble bipolaire ou la schizophrénie, le nombre de personnes aux prises avec un TPL est semblable ou supérieur au nombre de personnes aux prises avec ces problèmes de santé mentale. Les personnes qui ont un trouble de la personnalité limite ont de la difficulté à contenir leurs émotions ou à y faire face et à maîtriser leurs impulsions. Elles sont très sensibles à ce qui se passe autour d'elles et elles peuvent réagir avec une intense émotion à de petits changements dans leur environnement. On dit de ces personnes qu'elles vivent dans une douleur émotionnelle constante et que les symptômes du TPL sont le fruit des efforts qu'elles font pour faire face à cette douleur. La difficulté à composer avec les émotions est au cœur du TPL.

Quelques symptômes communs aux personnes ayant un trouble de la personnalité limite :

- épisodes intenses, mais de courte durée, de colère, de dépression ou d'anxiété ;
- sentiment de vide associé à la solitude et à la détresse ;
- idées paranoïdes et états dissociatifs au cours desquels l'esprit ou la psyché « bloquent » les pensées ou les sentiments douloureux ;
- l'image de soi peut changer selon la personne avec qui se trouve la personne ayant le TPL, qui peut ainsi avoir de la difficulté à poursuivre ses propres objectifs à long terme ;
- comportements impulsifs et dangereux, comme l'abus d'alcool et d'autres drogues, l'hyperphagie, le jeu de hasard et d'argent ou les comportements sexuels à risque élevé ;
- automutilation sans idée de suicide, comme se couper, se brûler avec une cigarette ou prendre une surdose, qui peut soulager d'une douleur émotionnelle intense (débute habituellement au début de l'adolescence) ; jusqu'à 75 pour 100 des personnes qui ont le TPL s'automutilent au moins une fois ;
- suicide (environ 10 pour 100 des personnes ayant un TPL se donnent la mort) ;
- peur intense d'être seul ou abandonné, agitation quand il y a séparation, même brève, de la famille, des amis ou du thérapeute (parce qu'il est difficile de se sentir connecté émotionnellement à une personne qui n'est pas là) ;

- comportements impulsifs et émotionnellement volatils qui, paradoxalement, peuvent conduire à l'abandon et à la désaffection que la personne craint ;
- relations interpersonnelles volatiles et orageuses caractérisées par des attitudes envers les autres qui vont de l'idéalisation à la colère en passant par la haine (pour la personne touchée, il n'y a pas de zone grise : les personnes sont soit entièrement bonnes, soit entièrement mauvaises).

Le genre de symptômes et leur gravité peuvent varier d'une personne à une autre parce que chacun a des prédispositions et des antécédents différents et que les symptômes peuvent fluctuer avec le temps.

C'est à Adolph Stern, un psychanalyste, qu'on doit l'expression « trouble de la personnalité limite ». Le Dr Stern a utilisé ce terme pour la première fois en 1938. Il considérait que les symptômes du TPL se situaient à la limite de la psychose et de la névrose. Cependant, certains experts croient maintenant que l'expression ne décrit pas les symptômes du TPL avec précision et qu'il faudrait la remplacer. Certains estiment également que le nom actuel peut renforcer les préjugés qui accompagnent déjà le TPL.

La route qui mène au traitement spécialisé et au rétablissement est souvent difficile parce que les symptômes du TPL peuvent rendre la personne touchée émotionnellement exigeante, et il peut être difficile de la faire participer au traitement. Par conséquent, le trouble est souvent stigmatisé et les services d'aide peuvent hésiter à accepter des clients chez qui un TPL a été diagnostiqué.

Cependant, avec un traitement approprié, les personnes qui ont un TPL peuvent faire des changements importants dans leur vie, même si tous les symptômes de TPL ne disparaîtront pas. La rémission est plus fréquente chez les personnes qui ont atteint la cinquantaine. L'espoir et le rétablissement sont importants aussi bien pour la personne touchée que pour les membres de sa famille. Ces questions sont examinées de manière plus approfondie à la p. 43. « Le message général associé au rétablissement c'est que l'espoir et une vie enrichissante sont possibles. L'espoir est l'un des déterminants les plus importants du rétablissement » (O'Grady et Skinner, 2007).

Quels sont les sentiments associés au TPL ?

J'ai un sentiment de vide et de solitude. Parfois j'ai l'impression que je n'existe même pas. Quand je dis mon nom, j'ai l'impression de mentir parce que je sais qu'il n'y a rien à l'intérieur. Je me livre à des jeux de rôles. J'essaie d'être qui je suis « censé » être, et je réussis très bien à être n'importe qui, sauf moi. Je comble le vide avec ce qui convient : mes buts, carrières, valeurs, tous fondés sur la situation. Je veux ressentir quelque chose, n'importe quoi sauf le néant. Je me sens bien, puis l'instant d'après je pense à me suicider et je ne sais même pas pourquoi. Mais il y a une constante : le sentiment d'une absence totale de qualités qui devient un besoin désespéré d'autodestruction.

— un client

Le trouble de la personnalité limite peut avoir différents degrés de gravité et d'intensité, mais à son paroxysme, la vulnérabilité émotionnelle d'une personne ayant un TPL ressemble à ce que ressentirait un grand brûlé sans peau. Le moindre changement dans l'environnement d'une personne, comme le bruit d'un klaxon, un regard perçu, le toucher délicat d'une autre personne, peut embraser une personne émotionnellement. Certains des sentiments extrêmes associés au TPL ont été reconnus et comprennent : souffrance intense, terreur, panique, sentiment d'abandon ou de trahison, agonie, furie ou humiliation.

Les membres de la famille éprouvent eux aussi des sentiments face au TPL. Certains disent que vivre avec une personne qui a un TPL c'est comme continuellement « marcher sur des œufs », sans jamais savoir ce qui peut déclencher un déversement d'émotions ou de colère (DBTSF, 2006).

Les membres de la famille peuvent souvent se sentir manipulés par leur proche touché par le TPL, mais une telle manipulation perçue n'est pas délibérée. La personne qui a un TPL essaie de gérer les émotions intenses qui bouleversent son comportement.

Quelle est la prévalence du TPL ?

On commence à peine à mener des études sur les troubles de la personnalité. Cependant, selon des enquêtes statistiques menées dans les communautés auprès d'adultes, le taux de prévalence du TPL est de près de un pour cent, semblable à celui de la schizophrénie (Paris, 2005). L'enquête statistique la plus récente (et la plus vaste) menée aux États-Unis révèle un taux de prévalence de six pour cent. Pour l'instant, nous n'avons pas de chiffres précis pour le Canada (Grant et coll., 2008).

On ne sait pas précisément si le TPL est plus fréquent chez les femmes que chez les hommes, mais selon certains rapports, environ de 70 à 80 pour 100 des personnes chez qui un diagnostic a été posé sont des femmes. D'autres études donnent à penser que même si les femmes sont plus nombreuses à suivre un traitement, il n'y a pas de différence significative entre les hommes et les femmes pour ce qui est de l'incidence du TPL (Grant et coll., 2008).

Comment diagnostique-t-on le TPL ?

En Ontario, les médecins, les psychiatres et les psychologues agréés peuvent poser un diagnostic officiel de TPL ou de tout autre trouble de santé mentale. Le premier point de contact du processus de diagnostic est souvent le médecin de famille ou l'urgence d'un hôpital. S'il a suffisamment de raisons d'être préoccupé par la santé mentale d'une personne, le médecin de famille peut faire une recommandation pour une évaluation plus poussée.

Quiconque pose le diagnostic utilisera le DSM-IV-TR pour s'assurer que les symptômes de la personne correspondent aux critères d'un diagnostic de TPL.

Quels sont les autres troubles qui cooccurrent avec le TPL ?

Il arrive très souvent qu'une personne ayant un trouble de la personnalité limite ait d'autres problèmes de santé mentale qui peuvent compliquer le diagnostic de TPL. Parmi les troubles de santé mentale qui accompagnent souvent le TPL, on relève la dépression, majeure, modérée ou légère, les troubles liés à la consommation d'alcool et d'autres drogues, les troubles de l'alimentation, le jeu problématique, le trouble de stress post-traumatique (TSPT), la phobie sociale et le trouble bipolaire (maniaco-dépressif). Il peut être difficile parfois de diagnostiquer un TPL parce que les symptômes du trouble concomitant ressemblent à ceux du TPL ou les dissimulent. De même, le retour d'un trouble peut déclencher le retour de l'autre trouble.

Quand le TPL apparaît-il ?

À l'instar d'autres problèmes de santé mentale graves, comme la schizophrénie, les premiers signes de TPL apparaissent à la fin de l'adolescence ou au début de l'âge adulte. Dans certains cas, il se peut qu'il n'y ait aucun signe avant-coureur qui indiquerait aux parents que quelque chose ne va pas ; leur enfant qui jusqu'à maintenant semblait bien aller, s'effondre et commence à afficher des comportements comme des réactions émotives excessives et des gestes suicidaires.

Quelles sont les causes du TPL ?

Comme c'est le cas pour d'autres troubles de santé mentale, nous savons actuellement que l'héritage génétique, les facteurs biologiques et l'environnement d'une personne contribuent au TPL. Ainsi, une personne naît avec certaines caractéristiques de personnalité ou de tempérament à cause des « connexions » dans son cerveau. Ces caractéristiques sont par la suite façonnées par le milieu dans lequel elle grandit et peut-être aussi par ses expériences culturelles.

Des chercheurs ont constaté des différences dans certaines zones du cerveau qui pourraient expliquer les comportements impulsifs, l'instabilité émotive et la façon de percevoir les événements. De même, des études sur des jumeaux et les antécédents familiaux démontrent une influence génétique, les taux de TPL et d'autres troubles de santé mentale connexes étant plus élevés chez les parents proches d'une famille. Les facteurs environnementaux qui peuvent contribuer au développement du TPL chez les personnes vulnérables comprennent la séparation, la négligence, les mauvais traitements ou d'autres événements traumatisants de l'enfance. Cependant, même dans les familles qui offrent un milieu chaleureux et affectueux, on peut retrouver des enfants qui ont un TPL, tandis que des enfants qui vivent une enfance malheureuse n'ont pas nécessairement un TPL.

Même si les antécédents de mauvais traitements physiques et d'abus sexuels sont élevés chez les personnes qui ont un TPL, beaucoup d'autres expériences peuvent jouer un rôle chez un enfant qui est déjà vulnérable sur le plan émotif.

Préjugés entourant le TPL

Autour de moi, j'ai connu l'ignorance et les préjugés. Je me sens isolée, stressée et pleine de culpabilité, de honte et de peur.

— *une cliente*

Beaucoup de sociétés méprisent les personnes qui ont des troubles de santé mentale ou des troubles liés à la consommation d'alcool et d'autres drogues. Ces personnes et leur famille font face à des attitudes, des comportements et des commentaires négatifs qui les stigmatisent. C'est ce qu'on appelle les préjugés.

Les préjugés peuvent :
- humilier, isoler et punir la personne qui a besoin d'aide ;
- réduire les chances qu'une personne obtienne l'aide dont elle a besoin ;
- diminuer le soutien social ;
- ébranler la confiance en soi ;
- amener la personne à croire qu'elle ne sera jamais acceptée dans la société.

Les membres de la famille subissent eux aussi les effets des préjugés. Leur réseau de soutien social peut s'amenuiser et ils peuvent faire face à des attitudes négatives s'ils révèlent leur situation. Nous savons que les facteurs de risque que sont la séparation, la négligence et les mauvais traitements subis pendant l'enfance sont associés au développement du TPL chez certaines personnes. À cause de cela, les membres de la famille peuvent être blâmés ou peuvent sentir qu'ils sont une des causes du problème ou être perçus comme tel par les autres.

Les nouveaux arrivants au Canada font face à de plus grands préjugés à cause de leur culture et de ce qui est jugé acceptable à l'intérieur de celle-ci. Parfois, le simple fait de demander de l'aide peut être difficile pour les personnes dont la culture n'encourage pas le counseling ou l'aide extérieure. Ces personnes peuvent avoir de la difficulté à trouver les services dont elles ont besoin parce qu'il n'y a pas de counseling ou, s'il y en a, il n'est pas disponible dans leur langue.

Certains thérapeutes hésitent à traiter des personnes ayant un TPL parce qu'elles sont perçues comme étant hostiles au traitement et parce qu'elles ont un comportement exigeant sur le plan émotionnel. Leurs relations tumultueuses, leurs sautes d'humeur et leurs gestes suicidaires peuvent provoquer la colère et la contrariété chez le thérapeute. Certains programmes comportent des politiques, officielles ou officieuses, refusant le traitement aux personnes ayant un TPL. Les groupes de défense ont également constaté un manque de financement pour la recherche sur le TPL et l'exclusion des TPL des études de recherche.

Malheureusement, les personnes ayant un TPL font souvent face à plus de préjugés que les personnes ayant d'autres troubles de santé mentale. Pour un complément d'information sur les préjugés, comment les comprendre, comment les vivre, comment y survivre et comment les combattre, on peut consulter le *Guide à l'intention des familles sur les troubles concomitants* dont les coordonnées figurent dans la section des ressources à la p. 49 du présent livret.

Préjugés entourant le TPL et un trouble concomitant

Il arrive souvent qu'une personne ayant un trouble de la personnalité limite ait également une toxicomanie ou une autre dépendance. Les préjugés que subit une personne qui a un seul problème sont amplifiés lorsqu'elle en a deux ou même plus. Les attitudes négatives et le blâme envers les personnes qui ont une toxicomanie et des problèmes de santé mentale (troubles concomitants) sont souvent intériorisés, et les personnes qui ont des troubles concomitants peuvent être socialement isolées, vivre dans la pauvreté, être atteintes de dépression, hésiter à demander de l'aide, perdre espoir de se rétablir et être victimes de discrimination lorsqu'elles cherchent des soins de santé, un logement, un emploi ou d'autres services. Encore une fois, le *Guide à l'intention des familles sur les troubles concomitants*, dont les coordonnées figurent à la p. 49, est une excellente source d'information sur les préjugés.

3. Traitement des personnes ayant un TPL

Le traitement n'a pas complètement éliminé mes comportements
de TPL comme je l'avais pensé, mais j'ai remarqué que je pouvais
mesurer en années le temps qui s'écoule entre mes épisodes
d'automutilation, et j'ai continué d'utiliser les techniques
d'adaptation que j'avais apprises.

— *un client*

Quels sont les types de services de santé mentale disponibles ?

Dans le passé, il était difficile de trouver un traitement spécialisé du TPL, mais ce trouble est maintenant mieux reconnu et diagnostiqué, et plus de collectivités ont établi des programmes de traitement spécialisé qui ont amélioré considérablement les résultats pour les personnes qui ont un TPL. Cependant, à cause de la complexité et de la variété des symptômes et du chevauchement du TPL avec d'autres troubles psychiatriques, il demeure difficile de diagnostiquer la maladie et il faut encore beaucoup de temps pour poser un diagnostic. Les personnes touchées ainsi que leur famille peuvent vivre bien des contrariétés avant de trouver la bonne combinaison de soins et de ressources.

Les services destinés aux personnes qui ont des problèmes de santé mentale comprennent les soins offerts dans les urgences des hôpitaux, les soins de courte durée, les soins en établissement de longue durée, les soins offerts en clinique de consultation externe et dans les centres de santé mentale communautaires, le suivi intensif dans le milieu et les soins offerts par les psychiatres, les psychologues et autres professionnels de la santé. Il existe également des services qui comprennent un large éventail de programmes, notamment d'aide au logement, de soutien à l'emploi, de haltes-accueils et d'entraide. Certaines personnes préféreront recevoir des services d'une agence de santé ou de services sociaux, d'un médecin ou d'un praticien de la santé offrant des services adaptés à leur réalité culturelle ou linguistique. Pour obtenir de plus amples renseignements sur les services de santé mentale spécialisés offerts dans votre collectivité, communiquez avec le Service Info Santé mentale Ontario ou la filiale de l'Association canadienne pour la santé mentale la plus proche de chez vous. Vous trouverez les coordonnées de ces ressources et d'autres à la p. 48. Les professionnels de la santé, comme votre médecin de famille, une infirmière-praticienne ou un travailleur social, pourraient être votre premier point de contact. Ils peuvent déterminer d'abord s'ils peuvent vous aider et aider le membre de votre famille touché par la maladie mentale ou s'il est préférable de vous orienter vers un service plus spécialisé. Dans les petites collectivités urbaines ou en milieu rural, les médecins de famille peuvent dispenser la majorité des services de santé mentale et sont souvent le principal soutien des personnes qui ont un TPL.

Le traitement des problèmes de santé mentale graves comme le TPL comporte habituellement :
- de l'information sur le TPL (psychoéducation) comprenant des discussions sur ce qu'on sait du TPL et de ses causes, les traitements disponibles, l'autogestion du TPL et la prévention des rechutes ;
- une psychothérapie ou du counseling individuel ou en groupe ;
- une médication pour des symptômes précis du TPL comme les changements d'humeur et l'anxiété.

Dans la plupart des cas, le traitement sera offert dans une clinique de consultation externe ou en milieu communautaire, mais certaines personnes auront peut-être besoin d'une période de stabilisation à l'hôpital si elles présentent des symptômes graves comme une tentative de suicide, l'automutilation ou des comportements psychotiques. L'hospitalisation permet également aux médecins de revoir la médication de la personne, d'en commencer une nouvelle et d'en surveiller les effets.

Un traitement spécialisé et efficace du TPL nécessite un engagement à long terme, souvent sur un certain nombre d'années. Les familles peuvent obtenir du soutien pour mieux comprendre le TPL et élaborer leurs propres stratégies de soins personnels.

Que se passe-t-il si d'autres problèmes de santé mentale ou de toxicomanie se produisent en même temps que le TPL ?

Il est très fréquent qu'une personne ayant un trouble de la personnalité limite ait aussi d'autres problèmes de santé mentale, des troubles liés à la consommation d'alcool et d'autres drogues ou des problèmes de jeu qui peuvent compliquer le diagnostic et le traitement du TPL.

SERVICES DE TRAITEMENT DE LA TOXICOMANIE DISPONIBLES

Beaucoup de personnes qui ont un TPL ont également une toxicomanie qui peut nécessiter un traitement spécialisé dans une clinique de consultation externe ou en établissement. Les programmes en milieu communautaire, les programmes offerts en clinique de consultation externe et les programmes de jour sont efficaces pour la plupart des personnes qui ont des troubles liés à l'abus d'alcool et d'autres drogues, mais une personne qui a peu de ressources et de soutien nécessitera peut-être le traitement et le soutien plus intensif fourni par un programme en établissement. En Ontario, des critères d'admission précis et des outils d'évaluation normalisés ont été élaborés pour orienter la planification du traitement et diriger la personne touchée vers le traitement qui lui convient le mieux.

Outre l'évaluation et l'orientation vers les services appropriés, le continuum de ressources de traitement spécialisé comprend les services de gestion du sevrage, le traitement en milieu communautaire (en clinique de consultation externe), le traitement de jour, le traitement en établissement, les soins d'entretien en établissement et les soins continus. Certains programmes spécialisés fondés sur le sexe, l'âge, la langue ou la culture sont également offerts dans la province. Vous pouvez obtenir des renseignements sur les services de traitement de la toxicomanie disponibles dans votre collectivité au service d'évaluation de la toxicomanie et d'orientation de votre localité ou auprès de Drogue et alcool – Répertoire des traitements (DART). Les traitements spécialisés sont définis dans le site Web du DART et les coordonnées du DART figurent dans la section des ressources à la p. 48.

En Ontario, les services de traitement des personnes qui ont des problèmes de jeu sont offerts dans le cadre des services de traitement de la toxicomanie et disponibles dans de nombreuses collectivités de l'Ontario. Des renseignements sur le traitement du jeu problématique sont disponibles par l'entremise de la Ligne ontarienne d'aide sur le jeu problématique (voir p. 48).

QUELS GENRES DE SERVICES SONT OFFERTS AUX PERSONNES QUI ONT DES TROUBLES CONCOMITANTS ?

Il y a peu de temps encore, les personnes qui avaient des troubles de santé mentale jumelés à des troubles liés à la consommation d'alcool et d'autres drogues passaient entre les mailles du filet parce que les services étaient offerts isolément. Les membres du personnel étaient souvent réticents à aider une personne ayant des troubles concomitants ou se sentaient mal préparés pour le faire.

Cependant, de nombreux organismes reconnaissent maintenant l'importance de fournir un traitement intégré pour les deux problèmes, en particulier aux personnes qui ont de graves problèmes de santé mentale et de toxicomanie. Le traitement intégré est un moyen d'assurer des soins harmonieux, coordonnés et complets. Il aide aussi le client à comprendre le plan de traitement. Le client reçoit de l'aide non seulement pour ses troubles concomitants, mais également pour d'autres aspects de sa vie, comme le logement et l'emploi. Dans un traitement intégré, une seule personne, comme un gestionnaire de cas ou un thérapeute, est chargée de surveiller le traitement du client, qui est fourni par une équipe de professionnels, composée entre autres de psychiatres, de travailleurs sociaux, d'infirmières psychiatriques, de psychologues, de thérapeutes du travail, d'ergothérapeutes, de travailleurs formés au soutien des pairs et de thérapeutes en toxicomanie. Ce traitement peut être offert dans un seul endroit, tel qu'un établissement de soins, ou par une combinaison de médecins de famille, de cliniques de consultation externe et d'équipes d'approche communautaire.

Le traitement intégré n'est pas toujours disponible, mais il est important que le thérapeute primaire et l'équipe de traitement coordonnent leur traitement avec les autres services qu'utilisent le membre de votre famille qui a des troubles concomitants. Pour un complément d'information sur le traitement des troubles concomitants, vous pouvez consulter le *Guide à l'intention des familles sur les troubles concomitants* dont les coordonnées se trouvent dans la section des publications à la p. 49 du présent guide.

Traitement psychosocial spécialisé du TPL

C'est encore « difficile » pour moi de mettre en pratique la plupart des compétences que j'ai acquises. J'ai pourtant remarqué de petits changements dans mes relations avec les autres et dans ma capacité de gérer plus efficacement mes émotions.

— *une cliente*

Il existe un certain nombre de procédés de traitement du TPL. Deux d'entre eux sont particulièrement importants : la thérapie cognitivo-comportementale (TCC), qui met l'accent sur le présent et le changement de pensées et de comportements négatifs, et la thérapie psychodynamique, qui se concentre sur les premières relations et les conflits intérieurs. Le traitement peut être offert individuellement ou en groupe. La thérapie familiale est un autre mode de traitement qui fait intervenir toute la famille et se concentre sur les relations et les interactions entre les membres de la famille.

Le taux de décrochage du traitement du TPL semble généralement élevé. Pour assurer la réussite du traitement, il faut donc que le thérapeute et le client soient bien assortis. La thérapie peut se concentrer sur l'apprentissage de la compréhension et de la gestion des émotions, des comportements néfastes et des idées suicidaires. Des médicaments peuvent être prescrits pour aider le client à se concentrer sur l'acquisition de compétences en autogestion. Les traitements spécialisés, qui sont maintenant élaborés et mis à l'essai dans le cas du TPL, utilisent un cadre cognitivo-comportemental ou psychodynamique. Ils doivent être fournis par des thérapeutes qualifiés, d'une manière précise exposée dans un manuel. Certains de ces traitements ont fait l'objet d'évaluations plus approfondies que d'autres. Les cliniciens peuvent utiliser différentes démarches thérapeutiques, compte tenu de leurs compétences et des objectifs du client. Ces démarches peuvent comprendre :

- une thérapie comportementale dialectique
- une thérapie cognitivo-comportementale
- une thérapie des schémas
- STEPPS (Systems Training for Emotional Predictability and Problem Solving)
- une psychothérapie focalisée sur le transfert
- une thérapie basée sur la mentalisation

Chacune de ces thérapies est définie dans le glossaire, qui commence à la page 57.

Médication

La médication joue un rôle dans le traitement de nombreux problèmes de santé mentale graves. Bien qu'il n'existe pas de médication particulière pour le TPL, des médicaments peuvent être prescrits pour atténuer les effets de symptômes précis. Par exemple, des médicaments peuvent être prescrits pour réduire la dépression ou les symptômes apparentés à la psychose comme la paranoïa.

La médication peut également être utile à la personne qui a un TPL en atténuant ses symptômes pendant un certain temps, ce qui lui permet de se concentrer sur l'acquisition de compétences pour gérer ses comportements dans le but d'arrêter de prendre les médicaments lorsqu'elle sera capable de s'autogérer.

Bien qu'elle puisse réduire la gravité des symptômes, la médication ne guérit pas le TPL et elle ne convient pas à tout le monde. Les médicaments peuvent avoir des effets secondaires dont l'intensité varie d'une personne à l'autre. On peut généralement éliminer ou atténuer les effets secondaires en modifiant la posologie ou en changeant de médicament. En raison du nombre de symptômes du TPL, il existe également le risque que trop de médicaments soient prescrits à la personne. La prise de différents médicaments en même temps peut accroître le risque de problèmes médicamenteux quand :

- deux médicaments ou plus, y compris des médicaments prescrits, des médicaments en vente libre, des plantes médicinales et d'autres médicaments alternatifs, interagissent pour produire des effets indésirables ou inattendus, comme une augmentation ou une diminution des effets prévus ;

- une personne a de la difficulté à gérer ses médicaments (elle oublie de prendre un médicament ou en prend plusieurs doses par inadvertance) ;

- la personne consomme de l'alcool en même temps que certains médicaments, ce qui peut rendre certains médicaments moins efficaces, ou elle prend de l'alcool et des médicaments comme les benzodiazépines, ce qui augmente les effets du médicament.

La plupart des médicaments contre les problèmes de santé mentale visent à rétablir l'équilibre chimique dans le cerveau. Ils peuvent aider à réduire la fréquence et la gravité des symptômes. Les médicaments sont divisés en quatre grands groupes fondés sur les problèmes contre lesquels ils ont été mis au point :

- les antidépresseurs
- les psychorégulateurs
- les anxiolytiques
- les antipsychotiques

Les médicaments sont identifiés par un nom générique (ou chimique) et une marque de commerce qui est propre à la société qui fabrique le médicament. Par exemple, le lorazépam se vend sous la marque Ativan. La marque de commerce peut changer en fonction du pays où le médicament est commercialisé.

ANTIDÉPRESSEURS

Les antidépresseurs sont utilisés dans le traitement de la dépression mais aussi pour un certain nombre d'autres problèmes comme l'anxiété, la douleur chronique et la boulimie. Ils augmentent la communication entre les cellules nerveuses du cerveau. Des antidépresseurs appelés les inhibiteurs spécifiques du recaptage de la sérotonine (ISRS) sont le plus souvent prescrits pour le TPL. Les ISRS les plus connus sont la paroxétine (Paxil), la fluoxétine (Prozac), la sertraline (Zoloft), le citalopram (Celexa) et l'escitalopram (Cipralex).

PSYCHORÉGULATEURS

Les psychorégulateurs sont utilisés pour traiter les troubles de l'humeur, dont le plus courant est le trouble bipolaire (maniaco-dépressif). Ils ne régularisent pas l'humeur des personnes ayant un TPL, mais ils peuvent atténuer les accès de colère. Les plus connus sont le divalproex (Epival), la carbamazépine (Tegretol), la lamotrigine (Lamictal) et le topiramate (Topamax).

ANXIOLYTIQUES ET SÉDATIFS

Cette catégorie de médicaments comprend principalement les benzodiazépines, couramment utilisés pour traiter les problèmes de sommeil ou l'anxiété ou encore comme relaxant musculaire. Il s'agit, par exemple, du lorazépam (Ativan), du clonazépam (Rivotril) et du diazépam (Valium). Ils sont efficaces à court terme pour traiter les problèmes de sommeil ou d'anxiété, mais ils peuvent créer une dépendance s'ils sont utilisés à plus long terme.

ANTIPSYCHOTIQUES

Ces médicaments sont utilisés pour traiter la schizophrénie et d'autres troubles psychotiques. Les antipsychotiques de première génération, appelés antipsychotiques typiques, comprennent l'halopéridol (Haldol), la perphénazine (Trilafon), la loxapine

(Loxapac ou Loxitane) et la chlorpromazine (Largactil). Les antipsychotiques de deuxième génération, appelés les antipsychotiques atypiques, sont classés ensemble parce que, contrairement aux antipsychotiques typiques, ils agissent principalement sur les récepteurs des neurotransmetteurs sérotonine et dopamine. Les plus connus sur l'olanzapine (Zyprexa), la rispéridone (Risperdal) et la quétiapine (Seroquel). Ces antipsychotiques de deuxième génération ont aussi des propriétés de régulation de l'humeur et sont également utilisés à titre de psychorégulateurs.

Les membres de la famille d'une personne qui a un TPL peuvent jouer un rôle important en aidant leur proche :

· à gérer sa médication en suivant la prescription et en consultant son médecin ou son pharmacien s'il a des préoccupations ;

· à déterminer si sa médication est utile pour atténuer certains symptômes désagréables ;

· à discuter de sa médication avec le médecin qui l'a prescrite, de ses effets, de ses effets secondaires et des difficultés que la médication peut causer.

Pour un complément d'information sur les différents types de médicaments psychiatriques, consultez le *Guide à l'intention des familles sur les troubles concomitants* dont les coordonnées se trouvent à la p. 49 du présent guide.

Rétablissement

Malgré les effets souvent dévastateurs du TPL sur les personnes qui en sont atteintes et leur famille, des recherches sur les résultats des traitements révèlent que pour de nombreuses personnes, le traitement est efficace. Beaucoup de personnes ayant le TPL apprennent à composer avec les symptômes du TPL et à faire les choses différemment, particulièrement lorsqu'elles atteignent la cinquantaine. À cause de la gravité et de la complexité de leurs symptômes, les personnes ayant le TPL ont souvent besoin d'un traitement de longue durée, qui s'étend souvent sur plusieurs années.

Le traitement accélère le processus naturel du rétablissement. Des chercheurs ont suivi des personnes ayant le TPL pendant de longues périodes et ont constaté que la plupart prennent du mieux avec le temps. Environ 75 pour 100 auront retrouvé un fonctionnement presque normal à l'âge de 35 à 40 ans et 90 pour 100 se seront rétablies à l'âge de 50 ans (Paris, 2005).

Il est possible que la rémission prenne plus de temps à survenir dans le cas du TPL que dans celui d'autres problèmes de santé mentale, mais lorsque les symptômes diminuent, la rémission semble stable et l'on remarque peu de rechutes comparativement à d'autres problèmes de santé mentale graves.

Cependant, des études ont également démontré que certains symptômes du TPL sont plus tenaces que d'autres chez certaines personnes. Certains des comportements les plus dangereux, comme l'automutilation et les comportements suicidaires, diminuent tandis que d'autres symptômes, comme le sentiment d'abandon et la difficulté d'être seul, semblent durer plus longtemps.

L'espoir et le rétablissement sont importants aussi bien pour la personne qui a le TPL que pour les membres de sa famille. Ces questions sont abordées plus en détail à la p. 43.

4. Soutenir le membre de la famille qui a un TPL

Comment puis-je encourager une personne qui a un TPL à chercher un traitement ?

Faire les démarches pour obtenir de l'aide pour régler un problème de santé mentale peut souvent sembler accablant et effrayant, surtout si la personne a déjà eu de mauvaises expériences dans le système de traitement des problèmes de santé mentale. Cela est particulièrement vrai pour les personnes qui ont un TPL en raison de la complexité de leurs problèmes et de l'idée reçue selon laquelle elles sont « hostiles au traitement ». En outre, la personne ayant un TPL peut être incapable de voir la valeur du traitement, en particulier si un traitement antérieur n'a pas été efficace pour elle, et elle peut réagir en se mettant en colère ou en étant sur la défensive lorsqu'on lui suggère d'aller chercher de l'aide.

Parfois, le simple fait de demander de l'aide peut être difficile pour une personne dont la culture n'encourage pas le counseling ou l'aide extérieure. Cette personne aura peut-être de la difficulté à trouver le service dont elle a besoin parce qu'il n'y a pas de counseling ou, s'il y en a, il n'y en a pas dans sa langue. Vous pouvez communiquer avec votre groupe culturel local pour trouver les services propres à votre culture ou pour demander un interprète pour vous accompagner aux services de traitement disponibles.

Une personne qui a également une toxicomanie ou un autre
problème qui relève d'un « autre système » peut s'être fait dire
d'aller voir ailleurs. Malheureusement, dans certaines collectivités,
les systèmes de traitement des problèmes de santé mentale et de
traitement de la toxicomanie sont mal coordonnés, mais des progrès
sont réalisés dans beaucoupe de collectivités pour mieux les intégrer.

Dans le passé, on estimait qu'il fallait « confronter » la personne à
ses problèmes pour l'inciter à accepter le traitement, mais en fait,
cette façon de procéder avait l'effet contraire. On ne peut pas forcer
une personne à suivre un traitement si elle ne le veut pas, mais on
peut prendre certaines mesures pour soutenir cette personne au
moment où elle sera prête à envisager un traitement, le cas échéant :

- Informez-vous sur le TPL. Il est important de comprendre que le
  membre de votre famille qui est touché fait face à un problème
  de santé comme n'importe quelle personne qui a un problème
  de santé physique, et que les comportements que vous observez
  sont les symptômes de ce problème de santé. Il est utile de
  comprendre également que le TPL est le résultat de l'interaction
  de facteurs génétiques, biologiques et environnementaux et non
  des comportements que la personne a développés à la suite de ses
  propres actions ou du fait de sa propre volonté. Des documents
  et des sites Web utiles sont énumérés à la fin du présent guide.
- Voyez quels services de traitement sont offerts dans votre
  collectivité. Vous pourriez d'abord parler à votre médecin de
  famille pour savoir le genre d'aide dont le membre de votre famille
  touché a besoin et les services qui sont disponibles. Vous pouvez
  également communiquer avec Service Info Santé mentale
  Ontario (voir p. 48) ou la filiale de l'Association canadienne
  pour la santé mentale de votre région (voir p. 52). Vous pouvez
  également consulter le service psychiatrique de votre hôpital,
  les centres de santé mentale communautaires et les organismes
  de santé et de services sociaux qui servent des groupes culturels
  et linguistiques spécifiques, votre guide spirituel ou les services

de counseling de votre confession religieuse, ou encore un conseiller du programme d'aide aux employés de votre lieu de travail.

- Posez-vous des questions comme les suivantes pour déterminer ce qui convient le mieux au membre de votre famille :
  1. Où l'établissement est-il situé ?
  2. Est-ce un service offert à l'hôpital ou en milieu communautaire ?
  3. Le programme est-il offert dans une clinique de consultation externe ou en établissement, ou est-ce un programme de jour ?
  4. Quels sont les critères d'admission et comment la personne touchée est-elle orientée vers l'établissement ?
  5. Quel genre de programme est offert et quelle en est la durée ? Est-ce un programme spécialisé de traitement du TPL ?
  6. En quelle langue les services sont-ils offerts ? Des services de traduction sont-ils offerts ?
  7. Combien y a-t-il de professionnels à l'emploi de l'établissement ?
  8. Y a-t-il un programme de suivi ou de soins continus ?
  9. Dans quelle mesure les membres de la famille peuvent-ils participer ? Y a-t-il un programme pour les membres de la famille ?
  10. Si le membre de votre famille touché est une femme, y a-t-il une femme thérapeute disponible pour le counseling individuel ?
  11. Si le membre de votre famille touché est une femme et que le traitement est offert en groupe, le groupe est-il animé ou co-animé par une femme thérapeute ?
  12. S'il s'agit d'un programme en établissement, y a-t-il des zones réservées aux femmes, en particulier, des chambres ?
  13. Si le membre de votre famille touché a des enfants à charge, y a-t-il des services de garde ou des programmes destinés aux enfants ?
  14. Les services sont-ils payants ?
- Aidez le membre de votre famille à prendre rendez-vous.
- Offrez de l'accompagner à son rendez-vous s'il vous demande votre soutien.

- Obtenez du soutien pour vous-même, soit en participant à un programme de soutien ou de traitement offert par des professionnels aux membres des familles, soit en vous inscrivant à un groupe d'entraide. L'information et le soutien d'autres personnes peuvent vous aider dans votre relation avec le membre de votre famille touché et peut encourager ce dernier à demander de l'aide pour lui-même.
- Prenez soin de vous-même et incitez les autres membres de la famille à en faire autant.

HOSPITALISATION INVOLONTAIRE

Souvent, les proches d'une personne touchée comprennent difficilement pourquoi cette personne ne peut pas être hospitalisée involontairement pour obtenir les soins dont elle a besoin. Cependant, en Ontario, comme dans la plupart des autres provinces canadiennes, une personne ne peut être déclarée « malade en cure obligatoire » que si un médecin croit qu'elle est susceptible de se faire du mal (automutilation ou tentative de suicide) ou d'en faire à autrui (violence) ou encore de subir un affaiblissement physique grave (ne pas manger, ne pas boire ou ne pas prendre ses médicaments) à cause d'un trouble de santé mentale. En vertu de la *Loi sur la santé mentale* de l'Ontario, une personne peut être admise à l'hôpital dans les trois cas suivants :

- Lorsqu'une personne fait preuve d'inconduite, la police est autorisée à l'emmener se faire examiner par un médecin si elle considère que cette personne représente un danger pour elle-même ou autrui ou qu'elle ne peut pas prendre soin d'elle-même.
- Lorsqu'il n'y a pas de danger immédiat, toute personne peut présenter à un juge de paix des renseignements selon lesquels un individu représente un danger pour lui-même ou pour autrui ou ne peut prendre soin de lui-même, et le juge de paix peut ordonner l'examen de cet individu par un médecin. Le juge de paix doit remplir la formule 2 qui autorise la police à amener l'individu chez un médecin.

- Si un médecin a évalué une personne dans les sept jours précédents et estime que la personne peut représenter un danger pour elle-même ou pour autrui ou qu'elle ne peut pas prendre soin d'elle-même, il peut ordonner que la personne soit examinée par un psychiatre. Il doit remplir la formule 1 qui autorise la police à emmener la personne se faire examiner.

Lorsque la personne est conduite dans un établissement psychiatrique, un médecin peut la retenir jusqu'à 72 heures pour une évaluation psychiatrique, mais aucun traitement n'est autorisé sans le consentement du patient. Après ce délai, la personne doit être libérée ou admise à titre de patient en cure facultative ou obligatoire, conformément à la *Loi sur la santé mentale*.

Des modifications apportées récemment à la *Loi sur la santé mentale* et à la *Loi de 1996 sur le consentement aux soins de santé* permettent aux proches d'une personne qui a une maladie mentale grave et aux professionnels de la santé d'intervenir à un stade précoce de la maladie en vertu de critères de mise sous garde révisés qui permettent de mettre en œuvre une procédure de traitement ou de soins et de surveillance en milieu communautaire en vertu d'une ordonnance de traitement en milieu communautaire. Une telle ordonnance vise à fournir un traitement en milieu communautaire à des personnes qui pourraient autrement satisfaire aux critères d'une hospitalisation continue. Plus précisément, une ordonnance de traitement en milieu communautaire est rendue dans le cas d'une personne qui est susceptible de se faire du mal ou d'en faire à autrui ou encore de subir une détérioration mentale ou physique importante ou un affaiblissement physique grave à cause d'un trouble de santé mentale, à moins de recevoir un traitement ou des soins et de la surveillance en milieu communautaire. Certains autres critères doivent également être remplis avant que le médecin ne signe l'ordonnance de traitement en milieu communautaire. Pour un complément d'information sur les ordonnances de traitement en milieu communautaire, visitez www.health.gov.on.ca/french/publicf/pubf/mentalf/faqf.html.

CE QU'IL FAUT FAIRE EN CAS DE CRISE

Le *Guide à l'intention des familles sur les troubles concomitants* établit une distinction entre une crise et une urgence. « Une crise se produit lorsqu'une personne sent qu'elle ne peut pas contrôler ses sentiments et ses comportements et a de la difficulté à composer avec les exigences du quotidien. » Cela peut se manifester par des accès de colère, des gestes de violence ou des actes d'automutilation. Une crise peut se développer tranquillement sur un certain nombre de jours ou exploser soudainement. Quand une personne ayant un TPL craint d'être abandonnée ou de perdre un appui, une crise risque fort de se produire, par exemple, quand un membre de la famille ou un thérapeute s'en va pour quelque temps ou quand la personne touchée craint que les progrès qu'elle a réalisés puissent signifier qu'elle doit devenir plus autonome et, par conséquent, perdre ses appuis (Gunderson et Berkowitz).

Voici ce que vous devriez faire pour gérer une crise à court terme :

- Demeurez calme et continuez de soutenir votre proche. Évitez de crier, quelle que soit l'ampleur de son comportement et même si ce que votre proche dit vous blesse.
- Reconnaissez ce que votre proche peut ressentir ou dire ; indiquez-lui que vous l'avez entendu et que vous essayez de comprendre ce qu'il peut ressentir.
- N'ayez pas peur de demander à votre proche s'il a des idées suicidaires. Un comportement suicidaire peut être une tentative d'atténuer la douleur émotionnelle ou de communiquer la souffrance.
- Prenez les mesures convenues dans le plan d'action en cas de crise s'il en existe un.
- Aidez votre proche à communiquer par téléphone avec son médecin, son thérapeute ou l'équipe de traitement ou offrez-lui de le conduire où il doit se rendre (p. ex., chez son thérapeute, à l'hôpital).

- Si votre proche a violé une entente qu'il avait prise avec vous concernant son comportement, attendez que la crise soit passée pour en discuter.

Vous devriez également élaborer un plan de gestion de crise à long terme :

- Discutez avec votre proche et son médecin ou thérapeute des mesures à prendre en cas de crise.
- Assurez-vous que votre proche participe à toutes les décisions concernant le plan de crise et que ses souhaits sont respectés.
- Au moyen de la Fiche d'information en cas de crise que vous trouverez à la p. 62, élaborez un plan de crise de concert avec votre proche et d'autres membres de la famille, s'il y a lieu.
- Le plan de crise peut comprendre une section sur les tâches que chacun doit accomplir, par exemple, qui accompagnera le membre de la famille en crise à l'hôpital et qui communiquera avec l'équipe de traitement.
- Notez les renseignements importants dans votre plan de crise, par exemple, les numéros de téléphone du médecin de votre proche, de son thérapeute et de l'hôpital, ainsi qu'une liste des médicaments qu'il prend.
- Conservez le plan de crise dans un endroit bien en vue.
- Vous pourriez copier certains renseignements du plan de crise sur une « carte de crise » suffisamment petite pour que votre proche puisse la garder sur lui. Cette carte pourrait également contenir des coordonnées personnelles, par exemple, le numéro de téléphone de membres de sa famille, une liste des médicaments qu'il prend et des moyens à utiliser pour qu'il se calme.
- Informez-vous sur les services offerts en cas de crise dans votre collectivité. Si votre proche est déjà connu dans le système de santé mentale, vous devriez demander avec qui vous ou votre proche devriez communiquer si son comportement se détériore, pour inscrire ce renseignement dans votre plan de crise. Certaines collectivités ont des équipes de crise mobiles basées au service psychiatrique de l'hôpital local qui se déplaceront pour évaluer la situation.

Pour de plus amples renseignements sur la façon de gérer une crise, consultez le *Guide à l'intention des familles sur les troubles concomitants* dont les coordonnées se trouvent à la p. 49.

CE QU'IL FAUT FAIRE EN CAS D'URGENCE

Parfois une crise peut devenir une urgence. Il y a urgence lorsqu'il y a menace de suicide, menace de violence, jugement affaibli, prise de décisions inconséquentes ou consommation d'alcool et d'autres drogues qui vous préoccupe.

Dans certaines circonstances, le membre de votre famille acceptera de plein gré de parler à son médecin ou à son thérapeute ou encore de se rendre à l'urgence de l'hôpital. Dans d'autres cas, vous devrez appeler le 911. Ce peut être une décision difficile à prendre. Inévitablement, l'arrivée de la police ou de tout autre service d'urgence éveillera la curiosité des voisins. Vous et le membre de votre famille touché souhaitez peut-être garder pour vous son problème de santé mentale, mais la sécurité est prioritaire, en particulier lorsqu'un risque de blessure ou des intentions suicidaires sont en cause. Si vous percevez un danger pour vous-même ou pour autrui, n'hésitez pas à quitter les lieux et à téléphoner au 911 d'un autre endroit. Lorsque vous appelez le 911, dites au standardiste que votre proche a besoin d'une aide médicale d'urgence, communiquez son diagnostic et précisez que vous avez besoin d'aide pour le transporter à l'hôpital.

Selon le genre de formation que le service de police de votre localité a reçu par rapport aux crises de santé mentale, vous devrez peut-être intervenir pour défendre les intérêts de votre proche. Cela peut être particulièrement important si le membre de votre famille est susceptible de réagir négativement à la présence de policiers en uniforme. Il est utile d'écrire le nom des policiers, le numéro de leur insigne et l'heure à laquelle ils ont répondu à votre appel au cas où vous auriez des préoccupations sur la façon dont le problème a été géré.

Lorsque la situation d'urgence comporte des menaces de suicide

Il faut prendre au sérieux une personne qui menace de se suicider ou qui dit souhaiter mourir.

Parmi les signes avant-coureurs du suicide on relève les suivants :

• sentiment de désespoir, pessimisme
• actes récents d'automutilation
• repli sur soi
• problèmes de sommeil
• consommation accrue d'alcool et d'autres drogues ou excès de table
• le fait de liquider ses affaires ou de donner ses biens les plus précieux
• menace de suicide ou le fait d'exprimer le désir de mourir
• le fait de parler du moment « où je ne serai plus là »
• le fait de parler de voix intérieures qui lui disent de faire quelque chose de dangereux
• le fait d'avoir un plan et les moyens de l'exécuter

ÉCHANGE DE RENSEIGNEMENTS CONCERNANT LE TRAITEMENT AVEC LES MEMBRES DE LA FAMILLE

En général, la communication de renseignements médicaux ou de renseignements sur le traitement concernant une personne à d'autres personnes, que ce soit d'autres membres de la famille ou des particuliers ou organismes fournisseurs de soins nécessite un consentement exprès. Dans ces situations, un consentement serait habituellement un consentement écrit.

Il est vrai que les membres de la famille peuvent jouer un rôle important en soutenant le changement et en développant des compétences nouvellement acquises. Cependant, certains professionnels de la santé hésitent à faire participer les membres de la famille ou à discuter avec eux, particulièrement s'ils croient que la famille est la « cause du problème ». Si le membre de votre famille vit encore à la maison et qu'il est à votre charge financièrement, vous sentez peut-être que vous devriez avoir un droit moral de participer à son traitement. Cependant, si votre proche est capable de prendre des décisions concernant son traitement, un professionnel de la santé ne peut vous communiquer des renseignements sans le consentement du membre de votre famille touché. Pour donner son consentement, cette personne devra signer une formule à cet effet dans le bureau du médecin.

Certains programmes de traitement offrent des programmes pour les familles. Il peut s'agir de séances de thérapie familiale avec la personne qui a un TPL et les membres de sa famille. Il est plus fréquent que des groupes d'entraide et d'information destinés spécifiquement aux familles donnent des renseignements sur le TPL, les moyens dont disposent les membres des familles pour s'occuper de la personne qui a le TPL et des stratégies pour prendre soin d'eux-mêmes.

CONSENTEMENT AU TRAITEMENT

En Ontario, une personne a le droit d'accepter ou de refuser un traitement dans la mesure où elle est capable de le faire, c'est-à-dire qu'elle peut comprendre les renseignements qui sont nécessaires à la prise de cette décision et évaluer les conséquences raisonnablement prévisibles de son consentement ou de son refus. Il n'y a pas d'âge minimum pour ce qui est du consentement ; si une personne est capable, elle peut prendre ses propres décisions quant à son traitement, quel que soit son âge.

Le consentement au traitement doit être « éclairé », c'est-à-dire que la personne a reçu toute l'information nécessaire et qu'on a répondu à toutes ses questions concernant le traitement, et donné volontairement, et ne doit pas avoir été obtenu au moyen d'une déclaration inexacte ni par fraude. Lorsqu'une personne n'est pas capable de donner un consentement éclairé, son mandataire spécial doit être consulté à cette fin. La *Loi de 1996 sur le consentement aux soins de santé* établit une hiérarchie de personnes qui peuvent agir à titre de mandataire spécial.

QUE FAIRE EN CAS DE DÉMÊLÉS AVEC LA JUSTICE ?

L'Ontario offre des programmes de soutien et de déjudiciarisation dans de nombreuses collectivités, qui ont pour rôle de défendre les intérêts des personnes qui ont des problèmes de santé mentale et de leur famille lorsque ces personnes ont des démêlés avec la justice, et de soutenir ces personnes. Les programmes de déjudiciarisation visent à éviter aux personnes ayant un problème de santé mentale qui ont commis des infractions mineures d'entrer dans le système de justice pénale en les orientant vers des traitements et un soutien en milieu communautaire. La ligne d'information de Service Info Santé mentale Ontario a une liste des programmes de défense et de soutien, dont beaucoup sont parrainés par l'Association canadienne pour la santé mentale. Les renseignements sur la ligne d'information sont donnés dans la section sur les ressources à la p. 48 du présent guide.

Le système juridique peut représenter une expérience terrifiante pour les nouveaux arrivants au Canada, en particulier s'ils ne maîtrisent ni le français, ni l'anglais. Les ressources où ils peuvent obtenir des conseils et de l'aide comprennent les organismes ethniques, les cliniques d'aide juridique qui ont de l'expérience dans les services aux nouveaux arrivants au Canada, les chefs de groupes confessionnels et les programmes d'interprètes culturels.

Le membre de votre famille peut également être orienté pour une évaluation et un traitement éventuel vers un établissement de psychiatrie médico-légale s'il est jugé inapte à subir un procès ou si un verdict de non-responsabilité criminelle est rendu en raison d'un trouble de santé mentale. Pour un complément d'information sur le système de psychiatrie médico-légale en Ontario, consultez le document *Le système ontarien de services psychiatriques médico-légaux : Guide d'information* dont les coordonnées figurent dans la section sur les publications à la p. 49 du présent guide.

Comment puis-je soutenir un membre de ma famille pendant le traitement ?

Le traitement du TPL est un travail de longue haleine qui nécessite souvent un engagement de plusieurs années. Les progrès ne sont pas toujours simples et il y aura des embûches en cours de route, notamment des rechutes comportant un retour aux anciens comportements en période de crise ou de stress. Voici quelques suggestions qui pourraient vous être utiles :

- Encouragez votre proche à suivre son traitement, à prendre ses médicaments en suivant la prescription et à adopter un mode de vie sain en mangeant bien, en faisant de l'exercice, en prenant le repos dont il a besoin et en s'abstenant de consommer de l'alcool et d'autres drogues s'il y a un problème à cet égard.
- Reconnaissez que le changement peut être stressant et difficile à réaliser. La personne qui suit un traitement et doit faire des progrès, acquérir de nouvelles compétences et devenir plus autonome peut craindre que les membres de sa famille cessent de la protéger et de la soutenir et la laisse se débrouiller seule. Cette crainte peut provoquer une rechute et raviver d'anciennes méthodes d'adaptation négatives comme l'automutilation ou les tentatives de suicide. Il est important que les membres de la famille soutiennent le proche touché dans ses progrès par des mots d'encouragement qui indiqueront à leur proche qu'ils réalisent combien le changement est difficile.
- Aidez votre proche à établir des buts réalistes et à y travailler un

à la fois, une étape à la fois. Certes, vous ne voulez pas décourager votre proche, mais il est important de vous rappeler l'équilibre précaire qui existe entre la volonté d'indépendance et la peur de l'abandon. Par exemple, un but réaliste pourrait être de s'inscrire à un cours à l'université pour un trimestre plutôt qu'à un programme complet, trouver un emploi adapté à ses capacités ou emménager dans un foyer de groupe au lieu de quitter le foyer familial pour aller vivre seul dans un logement.

- Assurez un milieu serein en situation de crise ou de conflit. Il est important de reconnaître que certains des symptômes du TPL, dont les émotions intenses et douloureuses, l'incapacité de se séparer d'êtres chers, même pour de courtes périodes, et les idées bien arrêtées, sans nuances, sur les personnes ou les situations (entièrement bonnes ou entièrement mauvaises) peuvent facilement mener à une crise ou à un conflit familial. Prenez le temps d'écouter ou trouvez du temps plus tard si vous êtes incapable de faire face à la situation à ce moment précis. L'important c'est que la personne qui a le TPL soit écoutée et validée.

- Restez optimiste, même si le changement s'opère lentement. Les périodes où les symptômes sont absents ou très atténués augmenteront à mesure que votre proche et vous-même apprendrez de nouvelles techniques pour faire face aux rechutes.

- Le plus important c'est de ne pas vous sentir obligé de régler tous les problèmes. Vous devez laisser votre proche assumer certaines responsabilités, essayer de nouveaux comportements et assumer ses comportements négatifs.

- Si vous avez des inquiétudes, communiquez avec votre médecin de famille ou l'équipe de traitement de votre proche, ou encore, en cas d'urgence, appelez le 911.

5. Prendre soin de soi

Comment prendre soin de soi quand un membre de sa famille a un TPL ?

J'apprends à me reconcentrer sur mes propres besoins et à mieux prendre soin de moi.

— *le parent d'un client*

Le TPL peut être aussi dévastateur pour les partenaires, le père ou la mère, les enfants et les autres proches de la personne touchée que pour cette personne. Si un membre de votre famille a un TPL, vous aurez probablement eu à faire face, pendant de nombreuses années, aux accès de colère, aux tentatives de suicide, aux actes d'automutilation ou à d'autres comportements impulsifs associés à la maladie. Il peut donc arriver que vous vous sentiez crouler sous le poids de la maladie de votre proche. La dépression, l'anxiété, la souffrance et l'isolement sont parmi les émotions que vous avez peut-être ressenties.

Même si vous avez l'impression que tout ce que vous pouvez faire c'est de vous occuper du membre de votre famille touché, vous devez avant tout prendre le temps de vous occuper de vous. En prenant soin de vous, vous pouvez réduire le stress et retrouver l'énergie et la patience dont vous avez besoin pour soutenir votre proche. Vous pouvez vous tourner vers un organisme communautaire qui offre des services de counseling familial, joindre un groupe d'entraide, vous inscrire à un cours de conditionnement physique ou reprendre contact avec la famille et des amis.

Certains services destinés aux personnes ayant le TPL offrent des
programmes familiaux individuels ou dans le cadre de groupes de
soutien. Ces programmes donnent des renseignements sur les
enjeux liés au TPL, de nouvelles techniques de communication et
d'adaptation et, surtout, du soutien d'autres personnes qui sont
dans la même situation. Les groupes peuvent être animés par un
professionnel de la santé ou un membre d'une famille ayant reçu
une formation. Il existe peut-être dans votre collectivité des groupes
d'entraide destinés aux familles. De plus, certains membres de la
famille pourraient également bénéficier de séances de counseling
individuelles et de groupe.

RECONNAÎTRE ET GÉRER LA SOUFFRANCE

Il est normal d'avoir de la peine quand on perd un enfant, que
ce soit à cause d'un décès ou à cause d'une maladie grave ou
chronique. La souffrance peut s'accompagner d'anxiété chez la
personne, qui ne sait pas comment elle va s'adapter, de culpabilité
chez les membres de la famille, qui peuvent se demander s'ils ne
sont pas responsables dans une certaine mesure de l'apparition
du TPL, de colère à cause de ce qui est arrivé et d'impuissance à
changer les choses.

Tant la personne ayant un TPL que les membres de sa famille
peuvent souffrir des pertes perçues qui découlent d'une grave
maladie mentale, notamment les attentes déçues et le potentiel
non réalisé. Les parents peuvent souffrir de la perte, par exemple,
de la place de leur enfant dans la famille et la société, des espoirs
scolaires et professionnels et de relations saines pour lui.

Les parents subissent également des pertes intérieures comme la
perte de l'estime de soi et du sentiment de compétence parentale,
la perte de rêves pour leur enfant, la perte d'espoir et de sécurité,
la perte de la foi et la perte d'une vie de famille normale. Il se peut
que les autres membres de la famille, les amis et les professionnels

de la santé ne reconnaissent pas et ne valident pas cette souffrance, mais il est important que les membres de la famille trouvent les moyens de faire face à leur souffrance pour aller de l'avant et accepter la maladie de leur enfant et ses répercussions pour l'avenir (MacGregor, 1994).

ÉTABLIR DES LIMITES

Les familles se donneront souvent beaucoup de mal pour protéger le membre de la famille touché contre les conséquences de son comportement. Cependant, si une personne ne subit pas les conséquences d'un comportement problématique, elle est susceptible de persister. Par ailleurs, la colère peut gagner les autres membres de la famille qui sont continuellement contraints de recoller les morceaux. Subir les conséquences de ses comportements peut parfois être le premier pas vers le changement.

Le fait d'établir des limites aux comportements problématiques peut réduire les conflits familiaux et fournir un milieu plus sûr et plus prévisible pour tous les membres de la famille. Gunderson et Berkowitz ont cerné trois choses importantes à faire pour résoudre les problèmes d'un membre de la famille :
- faire participer le membre de la famille à la recherche de solutions ;
- demander s'il peut faire ce qu'il faut pour aboutir à des solutions ;
- demander s'il veut que vous l'aidiez à faire ce qu'il faut.

Pour établir des limites, il faut comprendre comment un comportement problématique se développe et est maintenu et comment les comportements souhaités peuvent être accrus et les comportements indésirables réduits. Par exemple, vous pourriez augmenter le nombre de fois où le membre de la famille touché vous parle sans se mettre en colère. Les éloges verbaux, l'écoute ou tout autre renforcement positif peut augmenter la fréquence de ce comportement.

Le renforcement négatif, comme le fait de ne pas écouter ou de quitter la pièce lorsque le membre de la famille touché est en colère ou qu'il crie, peut en diminuer la fréquence.

Certains comportements indésirables sont maintenus parce qu'ils sont accidentellement renforcés positivement. Certains appellent ce phénomène l'habilitation, en ce que la personne qui a le comportement problématique continue d'agir comme elle le fait parce qu'une autre personne en subit les conséquences ou recolle les morceaux. Par exemple, un membre de la famille s'excuse auprès du thérapeute de son proche pour le rendez-vous manqué au lieu de demander au proche de téléphoner lui-même et de s'expliquer.

GESTION DU STRESS

Avoir dans sa famille un membre aux prises avec un TPL peut sembler accablant, particulièrement si cette personne habite à la maison et qu'elle a besoin d'aide pour gérer ses activités de la vie quotidienne et certains aspects de son traitement. Les personnes vivent le stress de différentes façons. Certaines peuvent avoir des symptômes physiques comme maux de tête, insomnie, maux d'estomac ou encore gain ou perte de poids. D'autres présentent des signes émotionnels comme humeur maussade, inquiétude, sentiment d'être accablé ou encore dépression. D'autres peuvent présenter des symptômes cognitifs comme problèmes de mémoire, accélération de la pensée, inquiétude ou peur chroniques. D'autres encore peuvent présenter des symptômes comportementaux comme manger moins ou plus, consommer de l'alcool ou d'autres drogues pour se détendre, réagir avec excès à des situations ou s'isoler.

Le prix à payer sur le plan de la santé émotionnelle et affective est élevé lorsqu'on vit avec un stress chronique. Il est donc important de trouver des moyens de réduire le stress. Il existe de nombreuses ressources, dont des documents écrits et des sites Web, qui donnent des conseils sur les stratégies à adopter pour réduire le stress. On peut, entre autres, améliorer son régime alimentaire, faire de l'exercice régulièrement, apprendre des exercices de relaxation, se livrer à des activités plaisantes (p. ex., se faire faire un massage, avoir un passe-temps), modifier la situation qui est la source du stress (p. ex., établir des limites quant au comportement du membre de votre famille), obtenir le soutien d'autres personnes (p. ex., obtenir l'aide d'autres membres de la famille ou des amis), joindre un groupe de soutien et avoir recours à un soutien spirituel.

Il est important que le plan que vous dresserez pour réduire votre stress soit réaliste et faisable. De petits changements vous feront le plus grand bien et ont plus de chances de succès que de grands changements qui risquent d'échouer et donc, de contribuer davantage à votre stress. Votre plan devrait également être concret et préciser ce qui doit se produire pour qu'il soit fructueux. Par exemple, vous décidez de suivre un cours de conditionnement physique une fois par semaine ; pour que ce plan réussisse, il faudra peut-être qu'un autre membre de la famille prépare un repas ou que vous demandiez à un ami de vous accompagner pour du soutien mutuel.

Aider les enfants à comprendre le TPL et à s'y adapter

Les enfants peuvent être touchés lorsqu'un membre de leur famille a un TPL. Pour protéger les enfants, les parents peuvent ne rien dire. Ils peuvent essayer de maintenir les habitudes de la famille comme si tout allait bien. Cette stratégie peut être efficace à court terme, mais non à long terme. Les enfants peuvent se sentir déconcertés et inquiets des comportements du membre de leur famille lorsqu'on ne leur donne pas l'occasion d'en parler. Les enfants sont perspicaces et intuitifs. Ils remarquent rapidement que quelqu'un dans la famille a changé, particulièrement lorsque c'est leur père ou leur mère. Si la famille ne parle pas du problème, les enfants vont tirer leurs propres conclusions, qui peuvent être erronées.

Les jeunes enfants, particulièrement ceux d'âge préscolaire et ceux des premières années d'études, pensent souvent qu'ils sont le centre de l'univers. Si quelque chose se produit, ils pensent en être la cause. Par exemple, un enfant peut accidentellement briser un objet de valeur. Le lendemain matin, la mère ou le père peut sembler très déprimé. L'enfant pourra alors penser que c'est parce qu'il a brisé l'objet en question que sa mère ou son père est déprimé.

Les enfants plus âgés, en particulier ceux qui ont un frère ou une sœur qui a un TPL, peuvent craindre d'avoir eux aussi des problèmes de santé mentale ou de toxicomanie. Ils peuvent s'inquiéter du stress et des tensions que leurs parents endurent et ils peuvent se sentir obligés d'essayer de compenser pour ce que les parents ont perdu chez leur autre enfant.

Par ailleurs, les frères et sœurs peuvent avoir du ressentiment pour le temps que leurs parents consacrent à leur sœur ou à leur frère touché. Parfois, leur colère prend de telles proportions qu'ils en viennent à avoir eux-mêmes des problèmes de comportement ou à se dissocier de leur famille et de leurs amis. Ils peuvent aussi être les victimes d'hostilité ou d'agressions verbales ou physiques de leur sœur ou de leur frère touché par la maladie. Ces comportements provoquent un choc, la consternation, la peur, et un sentiment d'abandon et de rejet. Parfois, les enfants ont l'impression d'avoir perdu leur meilleur ami. Ils peuvent se sentir coupables d'avoir une meilleure vie que leur sœur ou leur frère touché.

QUE FAUT-IL DIRE AUX ENFANTS ?

Il faut expliquer les choses aux enfants. Donnez-leur autant de renseignements qu'ils peuvent comprendre et qui conviennent à leur âge.

Il est utile de dire aux enfants trois choses importantes :

Le membre de la famille a un problème appelé trouble de la personnalité limite. Il se comporte de cette façon parce qu'il est malade. La maladie peut avoir des symptômes qui peuvent causer des changements d'humeur ou de comportement inattendus chez la personne touchée.

L'enfant n'est pas la cause des problèmes. Il faut rassurer les enfants et leur expliquer qu'ils n'ont pas rendu leur père, leur mère ou un autre membre de la famille triste, en colère ou malheureux. Il faut leur dire que leur comportement n'a pas causé les émotions ou le comportement de la personne touchée. Les enfants pensent concrètement. Si leur père, leur mère ou un autre membre de la famille est triste ou en colère, les enfants peuvent facilement penser qu'ils en sont la cause et se sentir coupables.

L'enfant n'a pas à rendre la santé à la personne touchée. Les enfants doivent savoir que les adultes de la famille et d'autres personnes, comme les médecins, s'emploient à aider la personne touchée. C'est le travail des adultes de s'occuper de la personne qui a le problème.

Les enfants ont besoin que celui des deux parents qui va bien et d'autres adultes en qui ils ont confiance les protègent contre les effets des symptômes de la personne touchée. Les enfants ont de la difficulté à voir leurs parents souffrir. Parler avec une personne qui comprend la situation peut aider les enfants à réduire la confusion qui existe dans leurs sentiments (Skinner et coll., 2004 ; O'Grady et Skinner, 2007).

6. Rétablissement et espoir

*J'apprends à vivre avec ma perte et la souffrance et j'accepte
ma fille telle qu'elle est. Je ne m'attends pas à un dénouement
heureux, mais j'ai un espoir un peu plus grand pour l'avenir
et je sais que je ne suis pas seul.*

— *un membre d'une famille*

Les recherches démontrent que l'on peut se rétablir d'un TPL et
que le rétablissement est souvent de longue durée.

La route vers le rétablissement est différente pour chacun, que
l'on soit la personne ayant le TPL ou un membre de sa famille ou
un ami. Se rétablir d'un TPL, c'est donner un nouveau sens à sa
vie. À notre avis, O'Grady et Skinner (2007) illustre le mieux ce
qu'est le rétablissement : « un processus par lequel les personnes
retrouvent leur estime de soi, leurs rêves, leur confiance en elles,
leur capacité, leur fierté, leur dignité et un sens à leur vie ».

Aussi bien la personne qui a le TPL que les membres de sa famille
traverseront ce processus de rétablissement. À titre de membre de
la famille, vous pouvez susciter chez votre proche l'espoir que des
changements sont possibles en lui offrant du soutien pendant le
long processus de rétablissement.

Cependant, il est important de comprendre que le rétablissement
est semé d'embûches, parmi lesquelles des rechutes accompagnées

du retour à d'anciens comportements, et que la personne ne retrouvera pas nécessairement son niveau de fonctionnement précédent. Sur la voie du rétablissement, le membre de votre famille touché par un TPL aura peut-être besoin de médicaments ou de traitements supplémentaires.

Pour se rétablir de façon durable, les personnes qui ont un TPL doivent :

- être considérées comme des personnes uniques et importantes ;
- être traitées comme des êtres humains qui ont des objectifs et des rêves ;
- avoir la liberté de faire des choix et de prendre des décisions au sujet de leur vie ;
- être traitées avec dignité et respect ;
- accepter que leur cheminement personnel est unique et a pris une direction différente ;
- reconnaître que le rétablissement, c'est la possibilité de se libérer des symptômes en suivant un plan de traitement personnalisé ;
- reconnaître que la rechute est un aspect courant et prévu du rétablissement, mais qu'elle ne signifie pas qu'elles ont échoué ou qu'elles ont perdu ce qu'elles avaient gagné ; il s'agit plutôt d'une occasion de tirer une leçon et de recommencer à aller de l'avant ;
- avoir espoir en leur avenir ;
- s'engager dans une relation significative avec des personnes qui se soucient d'elles et qui n'ont pas de préjugés ;
- créer des habitudes et structurer leur journée en y incluant des activités intéressantes qui peuvent comprendre un travail rémunéré ou non ;
- disposer d'un revenu fiable et constant ;
- vivre dans un logement stable, propre et confortable, que ce soit de façon autonome ou dans un logement supervisé ;
- accepter le fait que, pour se rétablir, elles peuvent être obligées de suivre un traitement structuré de jour en milieu communautaire ou de recourir à des professionnels de la santé mentale ou de la toxicomanie ;

- reconnaître que les animaux de compagnie peuvent jouer un rôle important ;
- reconnaître que la spiritualité ou les croyances et pratiques religieuses peuvent jouer un rôle important.

De plus amples renseignements sur le rétablissement sont contenus dans le *Guide à l'intention des familles sur les troubles concomitants* dont les coordonnées figurent à la p. 49.

7. Conclusion

Le trouble de la personnalité limite est l'un des troubles graves de santé mentale les plus courants et les plus mal compris. Les gens qui vivent avec le TPL subissent souvent les préjugés des fournisseurs de traitement et sont laissés pour compte par ces derniers. De nouveaux traitements émergent et, avec le bon traitement, les personnes qui ont un TPL peuvent se rétablir, et elles se rétablissent. Contrairement à ce qui se produit dans le cas d'autres problèmes de santé mentale graves, le rétablissement d'un TPL perdure généralement. Les membres de la famille jouent un rôle crucial dans le rétablissement de la personne touchée, mais ils ont également besoin de soutien et d'appui moral pour se remettre des effets de la maladie de cette personne. Nous espérons que les renseignements contenus dans le présent guide vous seront utiles et qu'ils seront utiles à d'autres personnes dont un proche a un TPL.

BIBLIOGRAPHIE

DBTSF [Dialectical Behaviour Therapy San Francisco]. 2006. *Helping Someone with BPD*. Sur Internet : <www.dbtsf.com/helping-someone.htm>, consulté le 7 janvier 2009.

GRANT, B.F., S.P. CHOU, R.B. GOLDSTEIN, B. HUANG et coll. 2008. « Prevalence, correlates, disability, and comorbidity of DSM-IV borderline personality disorder: results from the Wave 2 National Epidemiologic Survey on Alcohol and Related Conditions », *Journal of Clinical Psychiatry*, vol. 69, p. 533-545.

GUNDERSON, J.G., et C. BERKOWITZ. s.d. *Family Guidelines: Multiple Family Group Program at McLean Hospital*, The New England Personality Disorder Association. Sur Internet : <www.nepda.org/family_connections>, consulté le 7 janvier 2009.

MACGREGOR, P. 1994. « Grief: the Unrecognized Parental Response to Mental Illness in a Child », *Social Work*, vol. 19, n° 2, p. 160-166.

O'GRADY, C.P., et W.J.W. SKINNER. 2008. *Guide à l'intention des familles sur les troubles concomitants*, Toronto, Centre de toxicomanie et de santé mentale, p. 60-61, 201-202.

PARIS, J. 2005. « Borderline personality disorder », *Canadian Medical Association Journal*, vol. 172, n° 12, p. 1579-1583.

W.J.W. SKINNER, C.P. O'GRADY, C. BARTHA et C. PARKER. 2004. *Les troubles concomitants de toxicomanie et de santé mentale : Guide d'information*, Toronto, Centre de toxicomanie et de santé mentale, p. 38-41

WILLIAMS, L. 1998. « A classic case of Borderline Personality Disorder », *Psychiatric Services*, vol. 49, n° 29, p. 173–174. Sur Internet : <http://psychservices.psychiatryonline.org/cgi/content/full/49/2/173?eaf >, consulté le 7 janvier 2009.

RESSOURCES

Information sur les services de traitement offerts en Ontario

Connex*Ontario* est un service d'information et d'orientation bilingue destiné aux membres du public et aux professionnels de l'Ontario qui veulent accéder à un traitement pour eux-mêmes, des membres de leur famille, des amis ou des clients. Des spécialistes donnent des renseignements et des conseils fondés sur la situation de chaque appelant. Connex*Ontario* a son propre site Web qui contient les numéros de téléphone sans frais suivants :

www.connexontario.ca

Drogue et alcool – Répertoire des traitements (DART)
1 800 565-8603
www.dart.on.ca

Service Info Santé mentale Ontario (MHSIO)
1 866 531-2600
www.mhsio.on.ca

Ligne ontarienne d'aide sur le jeu problématique (OPGH)
1 888 230-3505
www.opgh.on.ca

PUBLICATIONS

Publications de CAMH

Le Centre de toxicomanie et de santé mentale offre plusieurs ressources imprimées et Web qui peuvent intéresser les personnes concernées :

Le *Guide à l'intention des familles sur les troubles concomitants*, par Caroline P. O'Grady et W.J. Wayne Skinner, repose sur les documents rédigés à l'intention des groupes de soutien et d'information destinés aux proches de personnes ayant des problèmes concomitants de santé mentale et de toxicomanie. Il contient différents renseignements, notamment sur les ressources, des citations de membres de familles, des coordonnées, des listes de conseils et des activités. Il examine de façon plus approfondie bon nombre des questions traitées dans le présent guide.
www.camh.net/fr/Publications/camh_Publications/familyguide_sell_sheet_fr.html

Les troubles concomitants de toxicomanie et de santé mentale : Guide d'information, 2004
www.camh.net/fr/About_Addiction_Mental_Health/Concurrent_Disorders/Concurrent_Disorders_Information_Guide/concurrent_disorders_infoguidefr.pdf

Le système ontarien de services psychiatriques médico-légaux : Guide d'information
www.camh.net/fr/Care_Treatment/Resources_clients_families_friends/Forensic_Mental_Health_Ontario/forensic_mentalhealth_ontariofr.pdf

Ce que vous devez savoir sur les services de santé mentale
www.camh.net/fr/About_Addiction_Mental_Health/Mental_Health
_Information/looking_menthealth_servicesfr.pdf

Défis et décisions : Trouver des services de santé mentale en Ontario
www.camh.net/fr/Care_Treatment/Resources_clients_families_friends/
Challenges_and_Choices/challenges_choices2003fr.pdf

Autres publications en ligne

Medications, publié par le National Institute of Mental Health des
États-Unis
www.nimh.nih.gov/health/publications/medications/summary.shtml

Guide alimentaire canadien, publié par Santé Canada
Il est important que les personnes ayant un TPL et les membres
de leur famille restent en bonne santé, en adoptant une saine
alimentation. *Bien manger avec le Guide alimentaire canadien*
donne des renseignements sur les aliments et leur quantité qui
sont nécessaires et les avantages d'une alimentation saine.
www.hc-sc.gc.ca/fn-an/food-guide-aliment/order-commander/
index-fra.php

Guide d'activité physique, publié par l'Agence de la santé publique
du Canada
Il est important que les personnes ayant un TPL et les membres
de leur famille se gardent en bonne santé en faisant de l'activité
physique. Le *Guide d'activité physique* donne des renseignements
sur les avantages d'une vie active, quelle quantité d'activité vous
devriez viser et des exemples de différents types d'activité
physique.
www.phac-aspc.gc.ca/pau-uap/guideap/index.html

Le Stress, un dépliant de l'Association canadienne pour la
santé mentale
www.marketingisland.com/CMHA/pages/product.asp ?id=2672
(Sous l'image du dépliant, sélectionnez View English pdf ou View
French pdf.)

A BPD Brief: An Introduction to Borderline Personality Disorder,
par le Dʳ John G. Gunderson
www.borderlinepersonalitydisorder.com (Sélectionnez l'onglet
« Reading », puis « A BPD Brief ».)

Livres sur le TPL

New Hope for People with Borderline Personality Disorder (2002)
par Neil R. Bockian et Nora Elizabeth Villagran. New York, Three
Rivers Press.

*Stop Walking on Eggshells: Taking Your Life Back When Someone
You Care About Has Borderline Personality Disorder* (1998) par
Paul T. Mason et Randi Kreger. Oakland (CA), New Harbinger
Publications, Inc.

*The Stop Walking on Eggshells Workbook: Practical Strategies for
Living With Someone Who Has Borderline Personality Disorder*
(2002) par Randi Kreger et James Paul Shirley. Oakland (CA),
New Harbinger Publications, Inc.

*Understanding and Treating Borderline Personality Disorder:
A Guide for Professionals and Families* (2005) sous la direction
de John G. Gunderson et Perry D. Hoffman. American
Psychiatric Publishing, Inc.

*When Someone You Love has Borderline Personality Disorder: How
to Repair the Relationship* (2007) par Valerie Porr. Oakland (CA),
New Harbinger Publications, Inc.

Ressources Internet

SITES WEB CANADIENS

Centre de toxicomanie et de santé mentale

www.camh.net

Association canadienne pour la santé mentale, Ontario

www.ontario.cmha.ca

AUTRES SITES WEB

Avis de non-responsabilité : les sites Web énumérés ci-dessous sont présentés à titre d'information uniquement et étaient fonctionnels en date de novembre 2008. Nous avons inclus des renseignements ou une citation adaptée de chaque site pour vous donner une idée de sa mission. Il ne faudrait pas en conclure que le Centre de toxicomanie et de santé mentale (CAMH) les approuve.

BPD Central
Renseignements et soutien concernant le trouble de la personnalité limite.
www.bpdcentral.com/resources/basics/main.shtml

BPD411.org
Les renseignements présentés dans ce site ont été adaptés aux expériences et aux besoins uniques des personnes dont la vie a été transformée par une personne aux prises avec un TPL ou qui présente les caractéristiques d'une personne ayant un TPL. Ce site ne s'adresse pas aux personnes qui ont un TPL.

www.bpd411.org/

Behavioral Tech Research Inc.
Behavioral Tech, S.R.L., fondée par Marsha Linehan, Ph.D., enseigne aux fournisseurs de soins en santé mentale et aux équipes de traitement qui travaillent avec des populations complexes et ayant des troubles graves à utiliser des traitements humains et scientifiquement valides et à mettre en œuvre et à évaluer ces traitements dans leur lieu de travail.
www.behavioraltech.com

Borderline Personality Disorder Resource Center
Le Borderline Personality Disorder Resource Center (BPDRC) au New York-Presbyterian Hospital-Weill Cornell Medical College a été créé spécifiquement pour aider les personnes touchées par le TPL à trouver les renseignements les plus à jour et les plus exacts sur la nature du TPL et sur les sources de traitements disponibles.
www.bpdresourcecenter.org/

DBTSF [Dialectical Behavior Therapy San Francisco]: Helping Someone with BPD.
Ce site informe les personnes (ou leurs proches) qui ont besoin d'aide pour maîtriser les émotions et les comportements autodestructeurs et vous renseigne sur la façon dont Michael Baugh travaille avec les particuliers, les couples et les familles à San Francisco et à Daly City. Ces pages Web contiennent des renseignements et des liens vers d'autres sites sur la thérapie comportementale dialectique, le trouble de la personnalité limite (TPL) et les démarches que Michael Baugh utilise avec les couples et les familles.
www.dbtsf.com/helping-someone.htm

Laura Paxton

Ce site Web a pour but de vendre le livre et le cahier d'exercices *Bordeline and Beyond* de Laura Paxton.

www.laurapaxton.com/

Marsha M. Linehan

Ce site contient les travaux, les livres, les documents et les biographies de Marsha M. Linehan ainsi que des liens vers d'autres sites traitant de questions de santé mentale.

http://faculty.washington.edu/linehan/

National Alliance on Mental Illness [NAMI]

La NAMI, la National Alliance on Mental Illness, est l'organisation de base populaire la plus importante des États-Unis pour les personnes qui ont une maladie mentale et leur famille. Fondée en 1979, la NAMI a des affiliés dans chaque État et dans plus de 1 100 collectivités du pays.

www.nami.org/

National Education Alliance for Borderline Personality Disorder

La mission de la National Education Alliance for Borderline Personality Disorder (NEABPD) consiste à sensibiliser le public, à fournir de l'information, à promouvoir la recherche sur les troubles de la personnalité limite et à améliorer la qualité de vie des personnes touchées par cette maladie mentale grave.

www.borderlinepersonalitydisorder.com/

National Institute of Mental Health [NIMH]
Le NIMH entrevoit un monde où les maladies mentales seraient
prévenues et guéries. Il a pour mission de transformer la compréhension et le traitement des maladies mentales par l'entremise
de recherches fondamentales et cliniques, ouvrant la voie à la
prévention, au rétablissement et à la guérison.
www.nimh.nih.gov/health/publications/borderline-personality-
disorder.shtml

Parents Needing Understanding, Tenderness and Support (NUTS)
Ce site est destiné aux parents qui ont besoin de compréhension,
de tendresse et de soutien pour aider leurs enfants ayant un trouble de la personnalité limite. Les parents qui souffrent à cause de
rêves brisés et de vies bouleversées y trouveront compréhension,
réconfort et espoir.
www.parent2parentbpd.org/?page_id=5

Personality Disorders Institute
Le Personality Disorders Institute offre les renseignements suivants au grand public pour mieux le sensibiliser aux états psychiatriques particulièrement difficiles que l'on appelle le trouble de la
personnalité limite. Beaucoup de patients luttent non seulement
contre les symptômes comme la dépression, l'anxiété, les obsessions ou les phobies pour lesquels de l'aide est généralement
recherchée, mais aussi pour la maîtrise de leurs émotions et de
leur agressivité, une meilleure compréhension d'eux-mêmes et la
tolérance du traitement. L'information présentée guide le visiteur
dans le processus de diagnostic en mettant l'accent sur les antécédents et les symptômes, les causes possibles, les traitements et
les résultats. Le site donne également des coordonnées et des renseignements en cas d'urgence.
www.borderlinedisorders.com/public.htm

Treatment and Research Advancements, National Association for Personality Disorder (TARA APD)

Valerie Porr, M.A., a fondé cette association en novembre 1994 après s'être rendue compte que les patients ayant un trouble de la personnalité sont stigmatisés par les fournisseurs de soins en santé mentale, que les TPL sont sous-diagnostiqués, que les patients ont peu de renseignements sur l'étiologie, la nosologie et le traitement, ou n'en n'ont pas du tout, et que peu de traitements efficaces leur sont offerts, ou qu'il n'y en a pas. Les familles qui tentent de faire face aux comportements difficiles sans les compétences, la compréhension, le recul, le soutien ou les conseils nécessaires sont dévastées et désespérées. L'amélioration des traitements serait efficiente. TARA APD oriente les personnes de partout aux États-Unis vers des cliniciens et des programmes de traitement qui utilisent des modalités de traitement fondées sur des données empiriques. L'association administre la seule ligne d'information téléphonique sur le TPL aux États-Unis et expédie à chaque appelant une trousse d'information sur le TPL.

www.tara4bpd.org/dyn/index.php

Welcome to Oz Online Community for Family Members

Quand un membre de sa famille a un trouble de la personnalité limite, on se sent bien seul, sans personne qui comprenne ce qu'on vit à qui parler. Et les groupes de soutien réels sont presque impossibles à trouver. C'est pour cette raison que Randi Kreger, auteur, défenseur et propriétaire de BPDCentral.com, a lancé la communauté Web de familles Welcome to Oz en 1996. WTO est un sanctuaire où vous rencontrerez de nouveaux amis qui savent exactement ce que vous vivez parce qu'ils sont passés par là eux aussi. Vous y trouverez compréhension et réconfort, recevrez des conseils et apprendrez des techniques qui ont fonctionné pour d'autres personnes. Les membres se soutiennent et seront là pour vous dans les bons moments comme dans les moins bons.

www.bpdcentral.com/support/email.shtml

GLOSSAIRE

Sauf indication contraire, toutes les définitions proviennent de publications de CAMH.

affect : état actuel et observable des sentiments ou des émotions comme la tristesse, la colère ou l'exaltation. (Manitoba Schizophrenia Society ; www.mss.mb.ca/defin.htm)

cognition : connaissance en général, comprenant des aspects comme la perception, le raisonnement et le jugement. (www.geocities.com/seaskj/glossary.html)

consommation d'alcool et d'autres drogues : beaucoup de personnes consomment de l'alcool, du tabac et même de la marijuana de façon modérée et ne connaissent aucun problème. Cependant, certaines peuvent en consommer de plus grandes quantités régulièrement ou consommer d'autres substances pour être intoxiquées. Ces comportements peuvent donner lieu à des problèmes au travail et dans la famille ainsi qu'à des problèmes de santé. Après une utilisation abusive répétée, certaines personnes peuvent devenir dépendantes de la substance.

désaffection : perte du contrôle qu'exerce une personne sur de nombreux aspects matériels et sociaux de sa vie. (www.oup.com/uk/orc/bin/9780199253975/01student/glossary/glossary.htm).

dissociation : changement dans la perception ou l'expérience de soi ou du monde extérieur. Quasi-sensation de transe.

DSM-IV-TR : Le *Manuel diagnostique et statistique des troubles mentaux (DSM)* est utilisé en Amérique du Nord pour le diagnostic des troubles mentaux. Le texte révisé de sa quatrième et plus récente édition, le DSM-IV-TR, divise les troubles mentaux en 16 grandes catégories, comme les troubles de l'humeur et les troubles liés aux substances. Chacune de ces catégories est subdivisée en troubles précis ; par exemple, les troubles dépressifs et les troubles bipolaires se trouvent dans la catégorie des troubles de l'humeur. Pour chaque trouble, le DSM-IV énumère des critères précis permettant de poser un diagnostic.

épidémiologie : étude de l'apparition de maladies et d'autres problèmes liés à la santé dans des populations spécifiques. (*Concise Dictionary of Modern Medicine*)

ethnoculturel : adjectif désignant un groupe de personnes qui ont en commun certaines caractéristiques, comme la langue, la descendance, le pays d'origine, l'histoire et les traditions culturelles. Dans le présent guide, les communautés ethnoculturelles désignent les communautés dont les membres ne sont ni de descendance française, ni de descendance britannique, ni autochtones. Même si ces communautés comprennent souvent de nouveaux arrivants, il ne faut pas oublier qu'elles comptent aussi des personnes dont les racines au Canada remontent à plus d'une génération.

juge de paix : officier de justice qui a divers pouvoirs en droit criminel, comme ceux de délivrer des mandats, d'ordonner des examens en vertu de la *Loi sur la santé mentale*, d'entendre des demandes de cautionnement et de présider des procès relatifs à des infractions provinciales.

névrose : trouble fonctionnel où le sujet conserve sa capacité de discernement mais adopte un comportement ou un mode de pensée mésadaptés entraînant de la souffrance (exemples : dépression, anxiété, phobies et obsessions). www.rohcg.on.ca/resources/glossary-f.cfm ?strSearch=#N

phobie sociale : anxiété et embarras considérables dans les situations sociales du quotidien. Les personnes craignent d'être jugées et embarrassées par les gestes qu'elles posent. Cette anxiété peut les amener à éviter les situations où elles risquent de se faire humilier. Les autres symptômes comprennent le rougissement, la transpiration, les tremblements, la difficulté à parler et la nausée. Les femmes sont deux fois plus susceptibles que les hommes d'avoir une phobie sociale, qui se manifeste généralement pendant l'enfance ou au début de l'adolescence.

prédisposition : fait d'être prédisposé ; tendance, penchant ou susceptibilité.

préjugé : opinion préconçue, le plus souvent négative, que les gens ont envers les personnes qui ont des problèmes de santé mentale et qui se traduit par un traitement injuste et discriminatoire.

prévalence : fréquence d'un trouble, utilisée particulièrement en épidémiologie pour indiquer le nombre total de cas existant dans un groupe donné de la population à un moment particulier ou pendant une certaine période. (www.mentalhealth.com)

psychiatre : les psychiatres possèdent un diplôme universitaire en médecine et une formation de cinq ans en psychiatrie. Ils sont médecins et donc autorisés à prescrire des médicaments et à pratiquer la psychothérapie. Leurs services sont couverts par l'Assurance-santé de l'Ontario. En tant que médecins, ils pourront mieux établir un lien entre les troubles psychiatriques et ceux d'ordre physique. Certains clients trouvent que les psychiatres ont tendance à concentrer davantage leurs efforts sur la médication que sur la thérapie. Cela peut s'expliquer par leur formation médicale. Cependant, certains psychiatres portent une attention particulière à la psychothérapie dans l'exercice de leur profession.

psychoéducatif : processus ou aspect d'un processus qui permet à une personne de reconnaître ses problèmes de santé mentale et d'apprendre à les gérer.

psychologue agréé : l'Ordre des psychologues de l'Ontario réglemente la pratique de la psychologie en Ontario. Les membres de l'Ordre sont des professionnels dont le travail est réglementé et ils sont les seules personnes autorisées à exercer la psychologie dans la province. Les psychologues et les associés en psychologie sont membres de l'Ordre des psychologues. (www.cpo.on.ca)

psychose : perturbation qui provoque l'effondrement de la personnalité d'une personne. La personne perd contact avec la réalité : elle peut s'imaginer entendre des voix et voir des choses qui n'existent pas, ou croire en des choses qui semblent fausses.

psychothérapie focalisée sur le transfert : bien que le traitement soit fondé sur des concepts psychodynamiques, il comprend également certains éléments comportementaux, notamment l'établissement d'un contrat et d'un cadre de traitement avec le client et la prise en charge de certains symptômes comportementaux du TPL.

rétablissement : processus, attitude, vision et principe directeur. Le rétablissement a également été décrit comme une façon pour les gens de retrouver leur estime de soi, leurs rêves, leur confiance en soi, leur autonomie, leur fierté, leur dignité et le sens de leur vie. **Pour les professionnels et les familles,** le rétablissement a pour but de traiter la personne dans son ensemble, c'est-à-dire de repérer ses forces, de lui donner de l'espoir et de l'aider à fonctionner en l'aidant à assumer la responsabilité de sa vie.

soins primaires : premier niveau de soins et, en règle générale, premier point de contact d'une personne avec le système de santé. Ils comprennent des conseils sur la promotion de la santé et la prévention des maladies, l'évaluation de l'état de santé, l'établissement d'un diagnostic et la prescription d'un traitement dans le cas d'affections chroniques ou épisodiques, de même que les soins de soutien et les soins de réadaptation. (Ministère de la Santé – Stratégie pour la réforme des soins primaires, 1999)

STEPPS (Systems Training for Emotional Predictability and Problem Solving) : thérapie cognitivo-comportementale qui enseigne aux clients les techniques de contrôle des émotions et des comportements. Cet enseignement est renforcé par l'enseignement de méthodes aux membres de la famille et aux amis à l'appui des nouvelles techniques apprises.

thérapie basée sur la mentalisation (TBM) : thérapie psychodynamique qui met l'accent sur la reconnaissance, par le sujet, de ses propres états mentaux et de ceux des autres pour expliquer ses comportements.

thérapie cognitivo-comportementale (TCC) : probablement le traitement le plus utilisé pour tous les types de problèmes de santé mentale. Cette thérapie met l'accent sur le présent et aide les personnes à voir comment des pensées négatives peuvent entraîner des sentiments négatifs et des comportements problématiques, et à remplacer leurs pensées, leurs sentiments et leurs comportements négatifs par des pensées positives et des comportements sains.

thérapie comportementale dialectique (TCD) : thérapie fondée sur la conception biosociale du trouble de la personnalité limite en vertu de laquelle le TPL se développe lorsqu'une personne vulnérable sur le plan émotionnel grandit dans un milieu invalidant ou dysfonctionnel où la personne touchée a de la difficulté sur le plan de ses émotions, de ses relations, de sa cognition et de l'image qu'elle a d'elle-même. C'est à Marsha Linehan que l'on doit la TCD, une approche qui met l'accent sur le moment présent et est conçue pour surmonter l'absence d'auto-validation que connaît la personne qui a un TPL et pour l'aider à acquérir les compétences nécessaires pour mieux s'adapter à ces difficultés.

thérapie des schémas : thérapie fondée sur la thérapie cognitivo-comportementale et la thérapie fondée sur les compétences qui vise également des aspects plus profonds des émotions, de la personnalité et de la schématisation du monde par une personne.

traitement en établissement : traitements intensifs dans le cadre desquels la personne demeure dans un établissement de soins 24 heures sur 24. Ces traitements peuvent durer quelques semaines ou plusieurs mois.

traitement intégré : soins aux personnes ayant des problèmes de santé mentale et de toxicomanie regroupés et, idéalement, dispensés au même endroit par les mêmes cliniciens et travailleurs de soutien ou par la même équipe de cliniciens et de travailleurs de soutien. De cette façon, les problèmes de santé mentale et ceux liés à la consommation d'alcool et d'autres drogues sont expliqués de façon uniforme au client et ce dernier bénéficie d'un plan de traitement cohérent. Le traitement intégré signifie également que le traitement est coordonné et complet et que le client reçoit de l'aide pour d'autres aspects de sa vie comme le logement et l'emploi. Un soutien permanent à l'égard de ces autres aspects de la vie aide les clients à conserver les acquis de leur traitement, à prévenir les rechutes et à subvenir à leurs besoins fondamentaux.

trouble de stress post-traumatique (TSPT) : état d'une personne qui ressent de nouveau les effets d'un événement traumatisant longtemps après que l'événement est survenu.

trouble obsessionnel-compulsif (TOC) : les patients atteints de ce trouble ont des pensées intrusives (obsessions) ou l'envie irrésistible de poser de façon répétée les mêmes actes. Le fait de poser ces actes ou de se livrer à ces comportements peut réduire l'anxiété.

trouble panique : trouble caractérisé par de graves attaques d'anxiété, de terreur ou de peur.

troubles concomitants : diagnostic d'une personne ayant à la fois un problème de santé mentale et un problème d'usage de substance.

troubles cooccurrents : autre façon de décrire le diagnostic d'une personne qui présente à la fois un ou plusieurs troubles de santé mentale et un ou plusieurs troubles d'usage de substance. Cela peut également décrire toute combinaison de troubles qu'une personne peut avoir en même temps.

ANNEXE

Fiche d'information
en cas de crise

Personnes à contacter en cas d'urgence

PREMIER CONTACT

_____

Nom

_____

N° de tél. à la maison   N° de tél. au travail

_____

N° de tél. cell.   Courriel

DEUXIÈME CONTACT

_____

Nom

_____

N° de tél. à la maison   N° de tél. au travail

_____

N° de tél. cell.   Courriel

FOURNISSEURS DE SOINS

Médecin de famille

_____

Nom

_____

N° de tél.

**Gestionnaire de cas/thérapeute/conseiller en toxicomanie
ou en santé mentale**

_____

Nom 1

_____

N° de tél.

_____

Nom 2

_____

N° de tél.

Hôpital/centre de traitement ou équipe de crise

_____

Nom

_____

N° de tél.

MÉDICAMENTS

Médicaments actuels

Nom du médicament 1

Posologie   Moment de la journée

Nom du médicament 2

Posologie   Moment de la journée

Allergies médicamenteuses

Les médicaments suivants ont été inefficaces ou ont eu des effets secondaires graves.

Nom du médicament 1

Effets secondaires

Nom du médicament 2

Effets secondaires

Suggestions qui peuvent être utiles en cas de crise ou d'urgence

_____

_____

_____

_____

_____

_____

_____

_____

_____

_____

_____

_____

_____

Adapté de : *Guide à l'intention des familles sur les troubles concomitants*, p. 193-194, Toronto, Centre de toxicomanie et de santé mentale.

Lightning Source UK Ltd.
Milton Keynes UK
UKHW020713030222
398149UK00009B/262